Ilona Thäsler/Antonia Kaloff

Warum beißt die Maus keinen Faden ab?

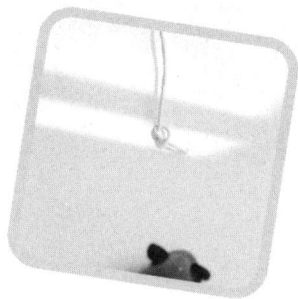

Ilona Thäsler/Antonia Kaloff

Warum beißt die Maus keinen Faden ab?

Die kleine Wissensmahlzeit
für zwischendurch

MOEWIG

MOEWIG ist ein Imprint der edel entertainment GmbH
Copyright © 2008 edel entertainment GmbH, Hamburg

www.moewig.de/www.edel.de
Copyright © 2008 Mitteldeutscher Rundfunk (MDR),
MDR 1 Radio Sachsen-Anhalt
Lizenz durch Telepool GmbH
Fotos: MDR 1 Radio Sachsen-Anhalt, Gaby Conrad, Andreas Lander,
Karin Ritzmann
Fotos Seite 1, 3: Matrix Buchkonzepte, Hamburg
Foto Seite 2, 64, 71: Die Ratte »Monti« ist bekannt aus der TV-Serie
»Little Amadeus«, Idee & Basiskonzept zur »Little Amadeus«
TV-Serie: W. Debertin
Mit freundlicher Genehmigung der LAR Little Amadeus
Realisierungsgesellschaft mbH & Co. KG, Hamburg

Konzeption Buch, Innengestaltung: Matrix Buchkonzepte, Hamburg
Umschlaggestaltung: Matrix Buchkonzepte, Hamburg
Foto Vorderseite Cover, Fotomontage und Hintergrundfoto
Rückseite Cover: Matrix Buchkonzepte, Hamburg
Porträt Autorinnen Rückseite Cover: MDR 1 Radio Sachsen-Anhalt,
Andreas Leander

Printed in Germany

ISBN 978-3-86803-277-2

Inhalt

1. KAPITEL **Von Kopf bis Fuß**

2. KAPITEL Alles menschlich!

3. KAPITEL Einfach tierisch!

4. KAPITEL Ab in den Urlaub!

5. KAPITEL Haushalt für Anfänger!

PARTYTEST Schon schön schlau?

ANHANG Quellennachweis

Warum beißt die Maus keinen Faden ab?

Ilona Thäsler

Natürlich muss man nicht unbedingt wissen, woher diese Redewendung kommt, aber eines ist sicher: Wer die Geschichte dazu kennt, wird im Gespräch mit Freunden, Kollegen und in der Familie glänzen. Denn: Nach dem kleinen Wissenshappen für zwischendurch schnappt jeder gern. Nur die Zubereitung macht oft zu viel Arbeit. Wir nehmen Sie Ihnen gern ab. Als Moderatorinnen von MDR 1 Radio Sachsen-Anhalt servieren wir seit 2006 immer montags portionsgerecht einfache Antworten auf erstaunliche Fragen.

Wann halten wir hinter dem Berg? Weshalb lachen Männer weniger als Frauen? Warum funkeln die Sterne? Wer fällt mit der Tür ins Haus? Wann höre ich das Gras wachsen? Warum läuft die Nase, wenn wir scharf essen? Wozu ist Küssen gut?

Antonia Kaloff

Ganz klar. Wer genügend Zeit hat, der findet dazu im Internet, in Büchern und Zeitschriften jede Menge Lesefutter. Wir machen für unsere Hörer daraus kleine, leicht verdauliche Wissensmahlzeiten. Garantiert zum Weitererzählen geeignet. Dabei kommt der Spaß nicht zu kurz. Deshalb stellen wir für Sie bei vielen Fragen die originellsten Antworten unserer Hörer dazu: Entweder zum sofortigen

Vergnügen oder als Selbsttest zum Umschlagen. Wenn Sie sich dabei »einen Ast lachen«, dann können Sie das gern jedem »unter dieNase reiben«. Sollten wir allerdings damit eher »ins Fettnäpfchen treten«, dann haben wir »mit Zitronen gehandelt«.

Da beißt die Maus keinen Faden ab!

Ihre Ilona Thäsler und Antonia Kaloff

Wissensimbiss on air

Es ist ein Montag im November 2006: Die neue Hörfunk-Reihe von MDR 1 Radio Sachsen-Anhalt beginnt mit der Frage an unsere Hörer:

»Warum sind Fettaugen rund?«

Die Reaktion war fulminant: Hörer bestürmten uns mit ihren originellen Antworten. Wir Programmmacher spürten sofort: Hier treffen wir den Nerv der Hörerinnen und Hörer. Ihnen geht es wie uns: Wir alle kennen diese Fragen des Alltags, nur, wie lautet die Lösung?

Seit jenem Novembermontag erlebt unser Publikum immer montags rund ums Jahr den Extra-Schlaumeier-Tag, dreimal am Tag mit jeweils einer neuen Frage. Entstanden ist ein Beispiel für bestes interaktives Radio, denn mittlerweile schlagen uns auch die Hörer ihrerseits Fragen zu den Phänomen des Alltags vor. Die passenden Antworten ermitteln unsere Schlaumeier-Expertinnen. So schaffen wir Hörerbindung.

Mit dieser Hörfunkreihe bieten wir Service und Orientierung, wir machen neugierig, auch auf Bildung. Dabei erkären wir selbst schwierige Sachverhalte so anschaulich, dass daraus unterhaltsamer Gesprächsstoff zum Weitererzählen wird. Wir als öffentlich-rechtlicher Landessender der ARD bringen uns auf diese Weise stets neu ins Gespräch, mit dem Plus für die Hörer, mehr zu wissen.
Mittlerweile ist unser Wissensimbiss nicht ausschließlich on air ein Dauerbrenner, sondern auch auf Bühnenshows von MDR 1 Radio Sachsen-Anhalt, landauf, landab. Vor tausenden Besuchern gehört das Schlaumeier-Quiz zu den unterhaltenden Höhepunkten unserer Showprogramme.

Jetzt also erscheint das Buch, als Überall-Medium zum Nachlesen und Schmökern. Probieren Sie es doch einfach mal aus: Fragen Sie Ihre Kolleginnen oder Freunde nach den runden Fettaugen. Den Neugierigeren geben Sie die passende Antwort, dank unserer erfolgreichen Hörfunkreihe.

Zum Schluss ein Tipp: Schauen Sie noch einmal ins Internet unter www.mdr.de/sachsen-anhalt und verfolgen Sie mit einem Klick, wie die erfolgreiche Serie bei MDR 1 Radio Sachsen-Anhalt fortgeschrieben wird.

Warum nur sind Fettaugen immer rund? Auch diese Antwort finden Sie natürlich in diesem Buch, im 5. Kapitel. Viel Spaß bei der kleinen Wissensmahlzeit!

Ihr

Dr. Winfried Bettecken
Hörfunkchef
MDR 1 Radio Sachsen-Anhalt

1. KAPITEL

Von Kopf bis Fuß

In diesem Kapitel geht es in der kleinen
Wissensmahlzeit um erstaunliche Fragen zu
unserem Körper von innen und von außen!

Woher kommt das blaue Blut?

Das fragten sich in der Vergangenheit auch die Bauern, wenn sie die feinen Herrschaften vornehm im Schatten flanieren sahen, während sie selbst in der Sonne schuften mussten. Durch die weiße Haut schimmernd, sah das Blut von Weitem eher blau als rot aus. Deshalb »blaublütig« – zum Ersten. Zum Zweiten kämpften vor rund 1200 Jahren in Spanien die hellhäutigen westgotischen Adligen gegen die Mauren. Die relativ dunkelhäutigen Araber waren verblüfft, dass man auf der weißen Haut des spanischen Adels die blauen Adern sehen konnte. Schlussfolgerung: Durch die Adern fließt blaues Blut. Übrigens: Die sichtbare Blaufärbung kommt daher, dass nur der kurzwellige blaue Farbanteil des Lichtes seinen Weg durch die Haut findet. Die anderen Farbanteile werden absorbiert, also verschluckt.

Weshalb wird die Haut beim Baden schrumpelig?

HÖRERSPASS AM TELEFON
Damit möglichst viele in die Wanne passen!

Dafür schauen wir mal auf die Hornschicht. Diese obere Haut ist an Füßen und Händen besonders dick. In den Hornzellen befinden sich Salze. Planschen wir längere Zeit herum, ziehen die Salze Wasser in die Hornschicht. Unser Schulwissen hat den Namen dafür: Osmose. Die Haut schrumpelt, dehnt sich dabei aber eigentlich aus. Wie auch immer. Schön ist was anderes. Und deshalb ein Tipp: Baden Sie im salzigen Meerwasser, am besten gleich im Toten Meer, dann bleiben Sie vorzeigbar. Übrigens: Weil Schrumpeln unansehnlich ist, hat der Volksmund es später auch auf andere, allgemeine Fehlschläge übertragen. Wir sagen: Du hast wohl zu heiß gebadet.

Warum helfen Gurken gegen geschwollene Augen?

Gurken haben keinen geheimnisvollen Stoff, der unsere Augen strahlen lässt. Sie bestehen fast ausschließlich aus Wasser. Und das macht den Unterschied. Legen wir die Gurkenscheiben auf die Augen, kühlt das Wasser. Die Blut- und Lymphgefäße verengen sich und die Augenpartien schwellen ab. Je kälter die Gurke, desto größer der Effekt. Kleiner Tipp: Anstelle der Gurke tut es auch ein kalter Löffel. Noch besser allerdings: Hämorrhoidensalbe.

Wann bekommen wir einen Schluckauf?

HÖRERSPASS AM TELEFON
Wenn der Schluckrunter zu langweilig wird!

Der Muskel, mit dem wir atmen, ist das Zwerchfell. Es liegt zwischen Brustkorb und Bauch. Wenn sich dieses Zwerchfell krampfartig zusammenzieht, verschließt sich auch die Stimmritze. Die eingeatmete

Luft prallt dagegen und der Schluckauf beginnt. Das kann zum Beispiel passieren, wenn wir uns erschrecken oder zu schnell essen oder trinken. Und was hilft dagegen? Tipps gibt es jede Menge: mit dem Daumen die Ohren und mit den kleinen Fingern die Nase zuhalten, und dabei gleichzeitig die Luft anhalten. Außerdem: Laut singen, Essig trinken, sich erschrecken lassen oder ein Zuckerstück lutschen. Und wenn nichts davon wirkt, dann funktioniert eines immer: Abwarten. Das Zwerchfell beruhigt sich auch von allein.

Wieso kommen wir ohne Orientierungspunkte beim Geradeausmarsch meist nach links vom rechten Weg ab?

Das rechte Bein ist daran schuld, weil es bei den meisten Menschen stärker und flexibler ist. Wir können das rechte Bein höher heben als das linke und haben darin mehr Kraft. Dies führt auch dazu, dass der rechte Fuß beim Laufen mehr abgestoßen wird. So kommen wir vom rechten Weg ab und laufen im Bogen gegen den Uhrzeigersinn an unseren Ausgangspunkt zurück. Wir sind also wie Hänsel und Gretel ohne »Brotkrumen« als Orientierung verloren.

Warum sehen wir schärfer, wenn wir die Augen zusammenkneifen?

Vor allem kurzsichtige Menschen kneifen intuitiv die Augen zusammen, um einen weiter entfernten Gegenstand besser erkennen zu können. Dieses Phänomen ist reine Physik: Wenn wir die Augen zusammenkneifen, verkleinern wir den Lidspalt, wir simulieren eine Art Lochblende. Dadurch können nur noch wenige Lichtstrahlen ins Auge dringen und direkt auf Netzhaut treffen. Da wir nur mitten in der Netzhaut wirklich scharf und farbig sehen können und da unser Gehirn jetzt keine zusätzlichen Randstrahlen mehr verarbeiten muss, sehen wir mit zusammengekniffenen Augen schärfer. Aber Vorsicht, durch das Zusammenkneifen der Augen wird das Sehfeld erheblich eingeschränkt, es kann also keine Brille ersetzen!

Warum machen wir beim Niesen die Augen zu?

Das Augenschließen beim Niesen ist ein natürlicher Reflex, gegen den wir nichts machen können. Wozu er gut ist, wissen die Experten bis heute nicht 100-prozentig. Einige Wissenschaftler gehen davon aus, dass durch den Augenschließ-Reflex das Auge vor einem zu hohen Druck beim Niesen geschützt werden soll. Die meisten Experten sehen das aber anders: Sie vermuten, dass mit dem Augenschließen verhindert wird, dass Bakterien und Viren ins Auge gelangen können.

Warum bekommen Verliebte weiche Knie?

Bei frisch Verliebten stellt der Körper einen berauschenden Hormon-Cocktail zusammen. Auf der Zutatenliste ganz oben steht das Stress-hormon Adrenalin. Adrenalin ist eigentlich dafür verantwortlich, dass wir in Stresssituationen richtig reagieren. In Gefahrensituationen heißt das Kämpfen oder Flüchten. Dafür stellt unser Körper der Muskulatur viel mehr Energie zur Verfügung, als wir brauchen. Diesen Energieüberschuss versucht unser Körper nun wieder abzubauen und zwar durch Bewegung; unsere Beine können anfangen zu zittern und wir bekommen weiche Knie.

Warum läuft uns die Nase, wenn wir scharf essen?

Weil sie einfach nur wegwill!

Verantwortlich für die Schärfe im Essen ist meist das Alkaloid Capsaicin. Es kommt zum Beispiel in Chili und Paprika vor. Capsaicin wirkt auf die Nerven, die normalerweise den Wärmereiz auslösen. Es findet also eine Art »thermische Täuschung« statt. Obwohl die Außentemperatur gleichbleibt, haben wir das Gefühl, dass uns heiß wird. Unser Körper leitet sofort Gegenmaßnahmen ein: Er versucht, die Hitze wegzuspülen, wir fangen zum Beispiel an zu schwitzen und uns läuft die Nase.

Warum trifft uns der Hexenschuss?

Weil es auf dem Besen zieht!

Der Begriff »Hexenschuss« stammt aus dem Mittelalter. Damals konnten sich die Menschen nicht erklären, woher der Schmerz im Rücken kommt. Und da für solche Phänomene oft Hexen, Dämonen und Naturgeister herhalten mussten, setzte sich schnell die Theorie durch, dass die Hexen an dem Schmerz schuld seien. Wo kommt jetzt der Schuss her? Ganz einfach: Der plötzlich auftretende starke Schmerz im Rücken ähnelt wohl dem einer Pfeil- oder Schussverletzung, die Symptome waren im Mittelalter gut bekannt. Und so wurde aus den für den Schmerz verantwortlichen Hexen und den Symptomen, die einer Schussverletzung ähneln, der Hexenschuss.

Warum wird ein blauer Fleck später grün und gelb?

HÖRERSPASS AM TELEFON
Weil er keine Ampelkoalition will!

Ein blauer Fleck oder – wie die Mediziner sagen – ein Bluterguss oder Hämatom, entsteht durch verletzte Blutgefäße unter der Haut. Das Blut fließt in das umliegende Gewebe, wir sehen an der Hautoberfläche einen bläulich schimmernden Fleck, weil das eigentlich rote Blut durch das Farbspektrum unserer Haut bläulich scheint. Rot ist unser Blut wegen des eisenhaltigen Farbstoffes Hämoglobin, das in den roten Blutkörperchen steckt. Nach einer Verletzung setzt unser Körper einen selbstständigen Heilungsprozess in Gang. Dabei wird das Hämoglobin mithilfe von Enzymen abgebaut. Es entsteht ein Abfallprodukt des Hämoglobins, das Bilirubin. Da Bilirubin grünlichgelb ist, wechselt ein blauer Fleck seine Farbe und wird später grün und gelb.

Warum frieren Frauen schneller als Männer?

HÖRERSPASS AM TELEFON
Wegen des Durchzugs im Mund beim ständigen Reden!

Für die Körpertemperatur sind vor allem die Muskeln verantwortlich: Wenn wir uns bewegen, werden sie stärker durchblutet und produzieren Wärme. Die Wärme wird dann dank der guten Durchblutung der Muskeln schnell im Köper verteilt. Da nun Frauen etwa 15 Prozent weniger Muskelmasse haben als Männer, frieren sie schneller. Das ist aber nicht der einzige Grund: Frauen haben im Verhältnis zum Körpervolumen gesehen eine größerer Körperoberfläche, sodass mehr Wärme abgestrahlt werden kann. Außerdem ist die Haut bei Frauen dünner, Kälte wird also auch schneller wahrgenommen.

Wozu ist Küssen gut?

Küssen löst im Körper ein Feuerwerk an Reaktionen aus: Puls, Körpertemperatur und Hormonspiegel schießen in die Höhe. Das bedeutet konkret, der Stoffwechsel wird angekurbelt, die Ausschüttung von Glückshormonen lässt Schmerzen vergessen, baut Stress ab und sorgt für Glücksgefühle und das Immunsystem läuft auf Hochtouren. Amerikanische Forscher haben herausgefunden, dass »Vielküsser« seltener krank werden. Außerdem macht Küssen schlank und schön, denn bei einem intensiven Kuss kann man bis zu 20 Kalorien pro Minute verbrennen, es werden 39 Gesichtsmuskeln gleichzeitig in Bewegung gesetzt und das ist gut für straffe

Gesichtskonturen. Übrigens fand der längste Kuss laut Guinness-Buch in New York statt. Er dauerte 30 Stunden, 59 Minuten und 27 Sekunden.

Warum sehen nasse Haare dunkler aus als trockene?

Das Haar kann man mit einem Tannenzapfen vergleichen. Wenn es trocken ist, spreizt sich die Schuppenschicht auf. Das Licht hat also viele Ecken und Kanten, um sich zu brechen. Weil das Licht in alle Richtungen gestreut werden kann, wirken die Haare heller. Wird das Haar nun nass, schließt sich die Schuppenschicht und das Haar quillt auf. Es ist also nicht mehr so uneben. Das Licht bricht sich schwächer und es entsteht weniger Streulicht. Außerdem legt sich ein feiner Wasserfilm wie ein Spiegel um das Haar, sodass weniger Lichtstrahlen auf die eigentliche Farbe des Haares treffen können.

Warum schnappen wir unter der kalten Dusche nach Luft?

Wenn wir unter der Dusche das kalte Wasser aufdrehen, führt das dazu, dass sich durch die Kälte die Blutgefäße verengen – das passiert auch mit den Herzkranzgefäßen. Sie sorgen dafür, dass das Herz mit ausreichend Blut und damit Sauerstoff versorgt wird. Sind nun die Herzkranzgefäße verengt, wird weniger Sauerstoff zum Herzen transportiert. Wir versuchen jetzt, diesen Sauerstoffmangel im Blut auszugleichen, atmen schneller oder schnappen gar nach Luft.

Warum schlafen wir bei Vollmond schlechter?

Weil dann Sex wichtiger ist!

Wissenschaftlich belegt sind Schlafstörungen bei Vollmond nicht. Trotzdem geben 40 Prozent der Deutschen an, »mondfühlig« zu sein. Das kann nur mit folgendem Phänomen zusammenhängen: Bei Vollmond umgibt uns nachts mehr Licht als sonst.
Deshalb schüttet unser Körper weniger von dem Schlafhormon Melatonin aus. Melatonin wird in der Zirbeldrüse gebildet und ist dafür verantwortlich, dass vor allem nachts der Stoffwechsel heruntergefahren wird. Je stärker also das Mondlicht, umso weniger wird von dem Schlafhormon Melatonin gebildet und das bedeutet eine unruhige Mondnacht.

Warum tragen OP-Ärzte Grün und nicht Weiß?

Die OP-Kleidung ist meist grün oder blaugrün, um den sogenannten »Nachbildeffekt« zu unterdrücken. Der »Nachbildeffekt« besagt, dass man, nachdem man lange eine Farbe betrachtet hat und dann auf eine weiße Fläche schaut, einen Fleck in der Komplementärfarbe sieht. Und da die Komplementärfarbe von Rot Grün bzw. Blaugrün ist, würde das im Operationssaal Folgendes bedeuten: Nachdem der Chirurg lange konzentriert in die rote OP-Wunde geschaut hat und dann hochsieht, würde er auf weißem Untergrund einen grünen Fleck sehen. Um diesen Effekt zu vermeiden, sind alle Stoffe in einem OP grün bzw. blaugrün.

Warum bekommen Menschen im Alter immer größere Ohren?

HÖRERSPASS AM TELEFON
Damit die Hörgeräte reinpassen!

Lange Zeit hat die Wissenschaft das Phänomen der immer größer werdenden Ohren vernachlässigt. Es schien nicht wichtig zu sein, da die Hörleistung nicht viel mit der Größe des Ohres zu tun hat. Trotzdem hat das Ohrenphänomen einige Wissenschaftler nicht in Ruhe gelassen. Sie untersuchten die Ohrmuschel und stellten fest, dass der Knorpel mit zunehmendem Alter an Elastizität verliert. Knorpel sehen aus wie Wellbleche, und wenn wir uns jetzt vorstellen, dass sie mit der Zeit ausleiern und damit ihr Relief verlieren, ist auch klar, dass die Ohren insgesamt größer werden. Außerdem erschlafft im Alter die Verbindung zwischen Haut und Knorpel: Die Haut zieht es mit dem Fettgewebe nach unten, sodass auch die Ohrläppchen länger werden.

Weshalb sind auf den Zähnen manchmal Haare?

Die Redewendung »Haare auf den Zähnen haben« geht auf die Vorstellung zurück, dass starke Behaarung ein Zeichen für Männlichkeit, Kraft und Tapferkeit sei. Besonders männlich, kraftvoll und couragiert stellte man sich Menschen vor, die selbst Haare an Stellen hatten, an denen normalerweise nur wenige oder keine wachsen. Einige Dichter nutzen diese Vorstellung auch für ironische Übertreibungen. Zum Beispiel schreibt Friedrich Schiller in den Räubern: »Du bist ein entschlossener Kerl – Soldatenherz – Haar auf der Zunge!«

Warum sagen wir zum großen Zeh auch großer Onkel?

HÖRERSPASS AM TELEFON
Weil die Tante dafür zu klein ist!

»Der große Onkel« hat nichts mit Verwandtschaftsverhältnissen zu tun. Wahrscheinlich stammt der Onkel aus dem Französischen. Auf Französisch heißt der Zehennagel nämlich »ongle«. Und da besonders vornehme Menschen gern französische Ausdrücke benutzen und auch eindeutschen, wurde aus dem französischen Ausdruck »grand ongle« der »große Onkel«.

Warum macht sauer lustig?

HÖRERSPASS AM TELEFON

Weil süß schon geil macht!

Sauer schmeckende Lebensmittel können tatsächlich lustig machen bzw. die Stimmung heben. Wissenschaftler machen dafür bestimmte Inhaltsstoffe verantwortlich, die entweder direkt auf das Gehirn wirken oder den Hirnstoffwechsel positiv beeinflussen. Bestimmte sauer schmeckende Lebensmittel können nämlich helfen, stimulierende Substanzen wie zum Beispiel das Glückshormon Serotonin zu bilden. Serotonin kann beispielsweise aus den Inhaltsstoffen des »sauren Herings« gebildet werden. Und wenn der Serotoninspiegel hoch genug ist, sind wir glücklich und manchmal auch lustig.

Warum lachen Männer weniger als Frauen?

HÖRERSPASS AM TELEFON

Weil bei den Frauen das Zwerchfell an einer anderen Stelle sitzt!

Wenn wir lachen, dann teilen wir dem anderen etwas mit. Kann unser Gegenüber nichts damit anfangen, dann fragt er meistens nach. Unsere Urahnen hatten es da schwerer. Sie konnten noch nicht sprechen – Lachen war lebenswichtig. Vor allem für die Frauen. In der Gruppe vermieden sie auf diese Weise brenzlige Situationen. Denn Lachen sagte: »Hab keine Angst vor mir. Ich bin dein Freund!« Die Männer sorgten zur gleichen Zeit für Nahrung und gingen auf die

Jagd. Lachen nutzte hier nichts. Macht-und Drohgebärden waren angesagt. Es liegt also in der Natur der Dinge: Männer haben nichts zu lachen. Und darüber lachen wir Frauen uns gern ins Fäustchen.

Warum rümpfen wir die Nase?

HÖRERSPASS AM TELEFON
Das liegt am Rümpfmuskel!

Wer die Nase rümpft, der drückt sein Unbehagen aus. Dies war schon bei den Urmenschen bekannt. Weil die Sprache erst begann sich zu entwickeln, war die Horde auf Gesten angewiesen. So gab es zu den Mahlzeiten eine streng festgelegte Reihenfolge. Zuerst die Ranghöheren, dann das Fußvolk. Hielt sich jemand nicht daran, wurde er durch Kräuseln und Hochziehen der Nasenflügel gewarnt: Bis hierher und nicht weiter.

Weshalb drücken wir jemandem die Daumen?

Das »Daumendrücken« kommt aus dem alten Rom: Wenn der Kampf zwischen den Gladiatoren nicht mit dem Tod endete, entschied das Volk über Leben und Tod des Verlierers: Der hochgestreckte Daumen bedeutete damals das Gegenteil von dem, was wir heute damit verbinden: Er symbolisierte nämlich das tödliche Schwert und bedeutete, töte ihn! Wollte das Volk im alten Rom den Gladiator begnadigen, steckte es den Daumen in die Hand. Das bedeutete, das Schwert ist in der Scheide. Deshalb drücken wir heute noch, wenn wir jemandem wünschen, dass er gewinnt, die Daumen.

Weshalb sehen wir Lichtblitze, wenn wir uns die Augen reiben?

Wenn wir uns die Augen reiben, üben wir auf das empfindliche Auge Druck aus. Zuerst auf die Hornhaut und dann auf den Innenraum des Augapfels, auf den Glaskörper. Der Glaskörper besteht aus einem durchsichtigen Gel und liegt eng an der Netzhaut an. Bei starkem Augenreiben üben wir also sogar Druck auf die Netzhaut aus. Die Netzhaut ist mit lichtempfindlichen Sinneszellen bedeckt, werden sie durch Druck gereizt, sehen wir Lichtblitze. Wenn Lichtblitze ohne Augenreiben auftreten, kann das ein Frühzeichen für eine Netzhautablösung sein.

Warum trocknet Rotwein die Lippen aus?

Rotwein enthält Gerbsäure, die Fachleute sprechen von Tanninen. Sie haben die Eigenschaft, stark mit Eiweiß zu regieren und adstringierend zu wirken. Adstringierend bedeutet, dass die oberen Zellschichten dichter werden und schrumpfen, man könnte auch einfacher sagen, dass sich die Haut der Lippen zusammenzieht. Deshalb können die Lippen nicht mehr ausreichend mit Feuchtigkeit versorgt werden und trocknen aus.

Warum knurrt der Magen?

Verantwortlich dafür sind die Magensäfte und die Magenmuskeln. Wenn der Magen so gut wie leer ist, zieht er sich zusammen, wirbelt die Magensäfte umher und durch seinen Ausgang wird Luft in den Darm gepresst. Das geschieht nicht ohne Geräusche, der Magen knurrt. Spüren Sie allerdings bei vollem Magen ein Grummeln, sitzt die Ursache dafür im Darm. Der Speisebrei wird dann gerade verarbeitet. Sowohl Magenknurren als auch Darmgrummeln sind also völlig normal.

Warum beißen wir uns auf die Lippe oder auf die Zunge, wenn wir an Schwieriges denken?

HÖRERSPASS AM TELEFON
Weil wir an die Knie so schlecht rankommen!

Wenn wir uns auf etwas konzentrieren, dann brauchen wir dazu die linke Gehirnhälfte. Die kümmert sich aber auch darum, dass die täglichen Bewegungsimpulse koordiniert werden. Dabei blockieren auch Lippen- und Zungenbewegungen einen Teil der Gehirnkapazität. Um nun bei komplizierten Aufgaben diese Überschneidungen auf ein Minimum zu reduzieren, legen wir unbewusst die motorischen Aktivitäten von Lippen und Zunge lahm. Das bedeutet: Fädeln wir zum Beispiel einen Faden ein, beißen wir uns auf die Zunge, lassen sie heraushängen oder pressen die Lippen aufeinander.

Warum haben Neugeborene meistens blaue Augen?

HÖRERSPASS AM TELEFON
Weil sie beschwipst gezeugt wurden!!!

Hellhäutige Säuglinge haben einen Mangel: Sie besitzen kaum Melanin. Dieser Stoff ist aber für die Farbe der Iris, also der Regenbogenhaut, zuständig. Je weniger Melanin, desto heller leuchten die Augen. Die tatsächliche Augenfarbe bildet sich dann im ersten Lebensjahr heraus und ist genetisch festgelegt. Oft wird dabei aber eine Generation übersprungen. Beispiel: Sind die Eltern blauäugig und die Großeltern braunäugig, wird der Sprössling wahrscheinlich aus dunklen Augen strahlen.

Warum zeichnen wir das menschliche Herz falsch?

Für das Symbol des Herzens gibt es zwei Erklärungen, beide haben nichts mit dem menschlichen Organ zu tun. Die erste leitet sich von der Form von Feigen- und Efeublättern ab. Efeu zum Beispiel kann nicht bestehen, ohne sich anzuschmiegen. Deshalb ist er seit alters her Sinnbild für die Treue und die Liebe. So erhielt im alten Griechenland ein Brautpaar einen Efeuzweig als Symbol der ewigen Treue. Die zweite Erklärung kommt aus der Tierwelt. Schwäne sind dafür bekannt, sich ein Liebesleben lang treu zu bleiben. Wenn nun Schwäne in ihrer Zuneigung die langen Hälse zueinanderstrecken, sieht das aus wie ein Herz, ein Schwanenherz.

2. KAPITEL

Alles menschlich!

In diesem Kapitel geht es in der kleinen Wissensmahlzeit um erstaunliche Fragen zu menschlichen
Schwächen und Tugenden!

Warum haben wir einen Stein im Brett?

Die Redewendung »einen Stein im Brett haben« kommt von einem Gesellschaftsspiel aus dem Mittelalter. Bei dem Trick-Track-Spiel (auch Wurf-Zabel oder Puff-Spiel genannt), dem Vorbild des modernen Backgammons, ging es darum, die Spielsteine möglichst gut auf dem Spielbrett zu platzieren. Wer das schaffte, hatte das Spiel gewonnen, eben weil er einen guten Stein im Brett hatte. Übrigens leitet sich die Bezeichnung Puff-Spiel nicht von dem Vulgärausdruck für Freudenhaus ab, sondern umgekehrt, weil damals in den Freudenhäusern oft Puff gespielt wurde, wurden sie Puff genannt.

Wann schlagen wir über die Stränge?

HÖRERSPASS AM TELEFON
Wenn jemand zu streng mit uns ist!

Wir schlagen über die Stränge, weil uns einfach niemand mehr zügeln kann. Die Stränge sind am Pferdegeschirr die Zugseile. Der Kutscher braucht eine starke Hand, damit er das Zaumzeug fest greifen kann. Sonst wird das Ross bockig und schlägt über die Stränge. Genau wie wir. »Stränge« hat also nichts mit »streng sein« zu tun und deshalb schreiben wir es nicht mit »E« wie Emil, sondern mit »Ä« wie Äsop. Weil dies aber ein Lieblingsirrtum in der Schule ist, rufen Lehrer oft verzweifelt aus: »Das geht ja auf keine Kuhhaut!« Warum? Das finden Sie in Kapitel 3.

Warum jagen wir jemanden ins Bockshorn?

Weil wir ihn einschüchtern möchten. Hier zwei Erklärungen dafür. Die erste: Früher wurde bei ländlichen Rügegerichten der Missetäter in ein Bocksfell gezwängt und mussten Spießruten laufen. Das Bocksfell hieß althochdeutsch »Bokkes harno«. Daraus wurde Bockshorn. Die zweite Erklärung: Die Menschen im Mittelalter waren sehr abergläubisch. Sie fürchteten sich vorm Teufel. Oft wurde der aber als Bock mit drohendem Gehörn dargestellt. Da wollte niemand hineingejagt werden.

Wann steht jemand unter dem Pantoffel?

Der Pantoffel wurde Ende des 16. Jahrhunderts zur üblichen Frauenbekleidung. Ein alter Brauch wollte es, dass Frau und Mann nach der Trauung versuchten, dem anderen auf den Fuß zu treten. Gelang das zuerst der Ehefrau, so war ihr die Herrschaft in der Beziehung gesichert. Der Ehemann stand fortan unter dem Pantoffel.

Woher kommt der Geizkragen?

HÖRERSPASS AM TELEFON

Vom Saturn!

Der Geizkragen kommt aus dem 19. Jahrhundert. Sein Vorläufer aus dem 16. Jahrhundert ist der Geizhals. Dabei ist Kragen abgeleitet vom mittelhochdeutschen »krage«. Das wiederum bedeutet so viel wie Hals, Rachen und Nacken. Die sprichwörtliche Kombination von Geiz und Kragen kennzeichnet im Ursprung also einen Menschen, der den Rachen vom Geiz nicht voll genug bekam. Und eines ist sicher: Für unsere Vorfahren galt Geiz eben nicht als geil.

Warum kommen wir auf keinen grünen Zweig?

Die Redensart »auf keinen grünen Zweig kommen« ist seit dem 15. Jahrhundert bekannt. Sie soll auf einen Rechtsbrauch zurückgehen. Musste ein Besitzer notgedrungen sein Grundstück verkaufen, dann zeigte er sein Einverständnis dadurch, dass er eine Rasenscholle mit hineingestecktem grünen Zweig an den neuen Eigentümer übergab. Symbolisch hatte er damit alle Rechte an seinem Gut verloren. Er kam auf keinen grünen Zweig mehr.

Warum verzapfen wir etwas?

HÖRERSPASS AM TELEFON
Weil verbolzen nicht jeder versteht!

Der Ursprung dieser Redensart liegt im alten deutschen Braurecht. Den brauberechtigten Bürgern war es danach nicht erlaubt, fremdes Bier in die Stadt einzuführen und zu zapfen. Daran hielten sich aber nicht alle. Wurden die Sünder dabei erwischt, gab es eine saftige Geldbuße oder den Entzug der Braugenehmigung. Im Volksmund aber hieß es nur: Die haben was verzapft. Und so ist es bis heute geblieben.

Warum schieben wir eine ruhige Kugel?

HÖRERSPASS AM TELEFON
Weil Ziehen zu anstrengend ist!

Experten haben lange gerätselt, wo die Redewendung »eine ruhige Kugel schieben« herkommt. Sie vermuten, dass sie sich tatsächlich vom Kegelsport herleitet. Wenn ein Kegler seine Kugel langsam wirft, läuft sie besonders ruhig – er schiebt eben eine ruhige Kugel, weil er sich nicht richtig angestrengt. Diese Erklärung klingt ziemlich langweilig. Eine zweite Erklärung geht auf die Geschäftsleute im alten China zurück. Das »Feilschen« um den besten Preis dauerte oft Stunden. Um dabei die Ruhe zu bewahren, drehten die Kaufleute zwischen den Fingern geschickt kleine Kugeln hin und her. Dadurch behielten sie nicht nur die Nerven, sondern machten auch den Geschäftspartner nervös. Das »Kugelschieben« beim Feilschen verbreitete sich von China aus schnell in andere Gebiete. Einige Touristen wundern sich noch heute, dass zum Beispiel in Griechenland oder der Türkei die Geschäftsleute beim Verhandeln mit einer Gebetskette oder Kugeln in der Hand spielen.

Wieso ertappen wir jemanden in flagranti?

»In flagranti« kommt aus dem Lateinischen von »flagrantia«. »Flagrantia« wird mit Glut oder Feuer übersetzt. Wenn man einen Fremdgeher oder Verbrecher auf frischer Tat erwischt, ist der Tatort noch heiß, man hat ihn oder sie »in flagranti« erwischt, die Tat ist eindeutig und lässt sich nicht vertuschen!

Wer hat etwas auf dem Kerbholz?

HÖRERSPASS AM TELEFON
Dazu öffnen wir die schwedischen Gardinen!

Alles im Kopf behalten ist schwierig. Vor allem Rechnungen mussten aber auch schon früher, sowohl für den Schuldner als auch für den Gläubiger einfach und nachprüfbar sein. Das Kerbholz war genau das Richtige dafür. Was geliefert und dann Stück für Stück bezahlt wurde, konnte damit eingesehen werden. Das Kerbholz bestand in der Regel aus zwei Holzstäben. Den einen Teil erhielt der

Gläubiger, den anderen der Schuldner. Zug um Zug wurden die Kerben bei Zahlung mit Messer, Feile oder Hobel beseitigt. Wenn man so will, der Vorläufer des Bankterminals. Wer also viel auf dem Kerbholz hatte, der war zunächst kein Verbrecher, sondern einfach nur finanziell verschuldet. Später hat es der Volksmund dann auf zwielichtige Geschäfte übertragen.

Warum müssen wir etwas ausbaden?

HÖRERSPASS AM TELEFON
Weil Ausduschen alles nassmacht!

Eine Erklärung dafür stammt aus dem Mittelalter. Zum Schluss der Hochzeitsfeierlichkeiten in Südeuropa musste die Braut in ein duftendes Bad steigen. Verbunden war dieses Ritual mit einem Zechgelage, das oft teurer war als das eigentliche Festmahl. Die Finanzierung wurde immer von den Hochzeitspaten übernommen. Waren diese allerdings arm, hatte das Brautpaar das Nachsehen und stand selbst für die Kosten gerade. Die frisch Verwählten mussten es ausbaden.

Wieso haben manche von Tuten und Blasen keine Ahnung?

Einfach nicht genug geübt!

Die Redewendung »von Tuten und Blasen keine Ah-
nung haben« ist seit dem 16. Jahrhundert überliefert.
Damals war einer der am wenigsten anerkannten und
am schlechtesten bezahlten Berufe der des Nacht-
wächters. Nachtwächter mussten nur zwei Dinge
können: Erstens, die ganze Nacht wach bleiben und
die Stunden verkünden und zweitens, bei Gefahr in
ein Signalhorn tuten oder blasen, um die Stadtbe-
völkerung zu warnen. Das sind keine besonderen
Fähigkeiten, und wenn ihm nicht mal das gelang, galt er wirklich als
zu blöd für die Arbeitswelt, er hat eben selbst »von Tuten und Blasen
keine Ahnung«.

Wieso schmieren wir Honig ums Maul?

Weil Nutella schon alle ist!

Die Redensart soll auf einen chinesischen Brauch zurückgehen. Seit
ältesten Zeiten wird in China der Küchengott verehrt. Zum Ende jeden Monats ist die Anbetung besonders groß. Dann steigt der Küchengott in den Himmel auf, um Bericht über die Hausbewohner zu geben. Um dabei eine gute Figur zu machen, opferten die Einwohner

besonders eifrig. Großen Sündern half nur Honig. Wer die Lippen des Küchengotts damit bestrich, konnte trotz seiner Verfehlungen mit einer freundlichen Aussage rechnen.

Warum saugen wir uns etwas aus den Fingern?

HÖRERSPASS AM TELEFON
Fragen Sie den Finanzminister!

Die Redensart kommt aus der Entwicklungsgeschichte der Zahlen. Ursprünglich zählten die Menschen nur mit den Fingern und Händen. Für die Zahlen eins bis zehn gebrauchte man die zehn Finger und die beiden Hände in Ruhelage. Für Zahlen über zehn begann man mit den Händen zu schwingen. Diese Finger- und Händesprache wurde dann später auf das Papier übertragen. Römische und arabische Zahlen wurden also für die schriftliche Darstellung aus den Fingern gesogen.

Warum lachen wir uns einen Ast?

Für die Herkunft der Redewendung »sich einen Ast lachen« gibt es zwei Erklärungen: Bei der ersten Erklärung ist mit Ast tatsächlich der Ast am Baum gemeint, denn bei verwachsenen Bäumen sind die Äste krumm, und wenn wir uns vor lachen krümmen, sieht unser Rücken eben aus wie ein verwachsener Ast. Die zweite Erklärung bezieht sich auf unsere Körperhaltung, wenn wir uns vor Lachen ausschütten. Dann ziehen wir die Schultern hoch, krümmen uns nach vorn und machen einen krummen Rücken, wir machen einen Buckel. Im Mittelalter wurde der Buckel auch als »Ast« bezeichnet. Deshalb lachen wir uns einen Ast.

Wer tritt ins Fettnäpfchen?

Für die Wendung »ins Fettnäpfchen treten« gibt es zwei Erklärungen. Erstens: Früher stand in den Bauernhäusern neben dem Ofen ein Töpfchen mit Stiefelfett, damit die Gäste ihre Stiefel nach dem Trocknen einfetten konnten. Ungeschickte Gäste latschten gern mal in den Fettnapf und hinterließen auf dem Fußboden Fett-Tapsen, was die Hausfrau sehr verärgerte. Auch die zweite Erklärung geht auf die alten Bauernhäuser zurück: Nach dem Schlachten wurden die Wurst und der Schinken in der Nähe der Feuerstelle zum Trocknen aufgehängt. Damit das ausgeschmolzene Fett nicht auf den Boden tropfte, wurden unter die Wurst und den Schinken Schälchen gestellt. Auch hier galt es aufzupassen und nicht reinzutreten.

Warum bringen wir jemanden auf Vordermann?

HÖRERSPASS AM TELEFON
Weil der Hintermann im Dunkeln bleibt!

Die Redensart lässt uns strammstehen, denn sie hat ihren Ursprung in der Armee. Kommt wichtiger Staatsbesuch ins Land, sind militärische Ehren protokollarisch festgelegt. Und choreografisch ausgefeilt. Soldaten stehen nicht wie Kraut und Rüben herum, sondern in Reihen hintereinander. Dabei versteht es sich von selbst, dass man nicht nur stramm-, sondern auch so steht, dass der hohe Gast zwischen den Reihen hindurchgehen kann. Damit das alles klappt, richtet sich der Soldat auf Kommando am Kameraden aus, der vor ihm steht. Sie werden also auf Vordermann gebracht.

Was ist unter aller Kanone?

HÖRERSPASS AM TELEFON
Schwarzpulver!

Wollten Zöglinge besser gestellter Eltern früher auf eine höhere Lehranstalt gehen, mussten sie eine Aufnahmeklausur schreiben. Das Ergebnis dieser Prüfungsarbeit wurde in einem Kanon aus den Zensuren eins bis fünf eingestuft. Kanon kommt aus dem Griechischen und bedeutet Maßstab und Regel. Leistungen, die nun unter dem Maßstab, also unter dem Kanon lagen, bekamen die Eltern sofort auf den Tisch. Unter aller Kritik, »sub omni canone«, hieß es dann. Der Volksmund hat daraus gemacht: Unter aller Kanone.

Warum machen wir Fisimatenten?

Woher die Redewendung tatsächlich kommt, ist nicht hundertprozentig sicher geklärt. Sehr beliebt ist aber eine volksetymologische Erklärung. Demnach stammt sie aus der Zeit Anfang des 19. Jahrhunderts, als Deutschland teilweise unter Napoleon von den Franzosen besetzt war. Die französischen Soldaten vergnügten sich allzu gern mit den deutschen Mädels und versuchten, sie in ihre Zelte zu locken, natürlich auf Französisch: »Visitez ma tente« heißt »Besuchen Sie mein Zelt«. Wenn nun die jungen Frauen abends allein ausgingen, bekamen sie den Rat mit auf den Weg: »Mach keine Fisimatenten«!

Wer redet wann Mumpitz?

Der oder das Mumpitz war im 17. Jahrhundert eine Schreckgestalt oder Vogelscheuche. Das Wort leitet sich von Mummelputz, Butzemummel oder Mompatz ab. Dabei steht »mummen« für Verhüllen und »Butz« für Gespenst. Mumpitz war übrigens ein Lieblingsausdruck des ehemaligen SPD-Vorsitzenden Herbert Wehner. Auf provokante Fragen von Reportern entgegnete er oft: »Das ist doch Mumpitz«.

Warum brechen wir etwas übers Knie?

Früher, als die Menschen ihre Häuser noch vorwiegend mit Holz heizten, kamen sie in kalten Wintern manchmal mit dem Holzhacken oder –sägen nicht so schnell hinterher. Wenn es schnell gehen musste, haben einige die Äste einfach übers Knie gebrochen. Die auf diese Weise entstandenen Holzscheite sahen natürlich nicht so ordentlich aus wie gehackte oder gesägte, sie sind eben übereilt entstanden, weil sie übers Knie gebrochen wurden.

Woher kommt der Nassauer?

Das kleine deutsche Herzogtum Nassau besaß keine eigene Landesuniversität. Die Studenten von Nassau gingen meistens ins Hannoversche nach Göttingen. Dort richtete Herzog Adolph von Nassau im 19. Jahrhundert einen Freitisch für wenig begüterte Nassauer Studenten ein. Sie konnten kostenlos essen und das sprach sich natürlich herum. Bald tauchten auch Studenten aus anderen Herzogtümern auf und schlugen sich den Bauch voll - ohne Einladung und ohne Genehmigung. Sie nassauerten.

Warum verstehen wir manchmal nur Bahnhof?

HÖRERSPASS AM TELEFON
Das steht online im Kursbuch!

Die Redewendung »ich verstehe nur Bahnhof« haben die Soldaten Ende des Ersten Weltkriegs geprägt. Sie waren sehr müde und wollten schnell nach Hause. Nach Hause ging es natürlich vom Bahnhof aus. Der Bahnhof wurde also mit der ersehnten Heimreise in Verbindung gesetzt. Wenn die Soldaten nun nach Dingen gefragt wurden, die nichts mit ihrer Reise in die Heimat zu tun hatten, sagten sie »ich verstehe nur Bahnhof«. Sie wollten über nichts anderes sprechen als über ihre Heimreise. Und die begann nun mal auf dem Bahnhof.

Warum sind Tomaten treulos?

Über die Herkunft »der treulosen Tomate« rätseln Experten seit vielen Jahren: Einige gehen davon aus, dass die Redensart ursprünglich von deutschen Tomatenzüchtern stammt. Ende des 19. Jahrhunderts war nämlich der Tomatenanbau ein unsicheres Geschäft. Das ursprünglich aus Mexiko stammende Gemüse wollte in unseren Breiten einfach nicht gedeihen. Wahrscheinlicher ist die zweite Erklärung. Sie geht auf die Zeit um den Ersten Weltkriegs zurück. Italien war mit Deutschland verbündet, wechselte aber während des Krieges auf die Seite der Alliierten. Da das Lieblingsgemüse der Italiener die Tomate ist und die Italiener als unzuverlässig und wortbrüchig angesehen wurden, bezeichneten die Deutschen sie als »treulose Tomaten«.

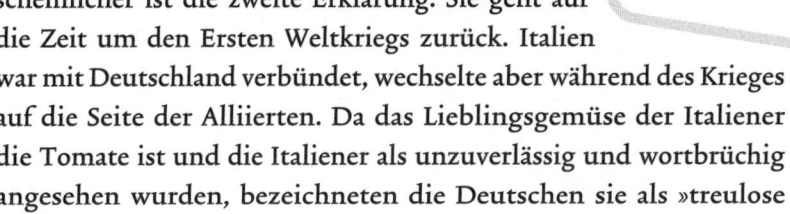

Wer hat vor wem Manschetten?

Die Redewendung stammt aus dem 18. Jahrhundert. In dieser Zeit war es in den Universitätsstädten gang und gäbe, Konflikte mit dem Degen auszutragen. Wer allerdings die damals üblichen Hemden mit den überlangen Manschetten trug, der konnte nicht sofort seine Waffe ziehen, um sich zu wehren. Also wäre es unehrenhaft gewesen, auf offener Straße einen Angriff gegen ihn zu führen. Deshalb waren die Manschettenträger bald als Feiglinge verschrien. Sie hatten Angst, sich sofort zu schlagen. Sie hatten Manschetten davor.

Wer erlebt sein blaues Wunder?

HÖRERSPASS AM TELEFON
Der Stammgast in der Kneipe!

Manche Farben stehen für bestimmt Bedeutungen, Rot steht zum Beispiel für die Liebe, Grün für die Hoffnung und Blau stand im älteren Sprachgebrauch für Täuschung und Lüge oder auch eine böse Überraschung. Aus der bösen Überraschung wurde dann einfach das »blaue Wunder« gemacht. Die Bedeutung der Farben ist in den Kulturkreisen unterschiedlich und hat sich im Laufe der Zeit öfter gewandelt. Blau steht heute für viele positive Dinge wie Freiheit, Wissen und Harmonie.

Wer holt die Kastanien aus dem Feuer?

HÖRERSPASS AM TELEFON
Mama und Papa!

Als Vater dieser Redensart wird im Allgemeinen der französische Schriftsteller La Fontaine genannt. Er lebte im 17. Jahrhundert und in seiner Fabel »Der Affe und die Katze« überredet der Affe die Katze dazu, ihm freiwillig geröstete Kastanien aus dem Feuer zu holen. Es gibt allerdings auch noch eine andere Überlieferung. Die ist viel älter als La Fontaines Fabel und darin nutzen dem Affen List und Tücke gar nichts. Mit roher Gewalt greift er sich die die Katze, presst sie an sich, nimmt ihre rechte Pfote und scharrt damit unter wildem Geschrei des Stubentigers die schmackhaften Kastanien aus dem Feuer.

Wer verpasst wem einen Denkzettel?

Die Redewendung finden wir schon im 14. Jahrhundert. Und zwar gleich doppelt. Erstens: Wer zum Gericht vorgeladen wurde, bekam einen »Gedenkzettel« überreicht, auf dem der Termin stand. Zweitens: An den Klosterschulen wurde aufmüpfigen Schülern ein »Schandzettel« um den Hals gehängt oder auf den Rücken geheftet. Damit mussten die Zöglinge tagelang herumlaufen. Und, sie wurden nicht nur verspottet, sondern auch verprügelt. Man wollte einfach sichergehen, dass die Schüler den Denkzettel nie vergessen.

Warum lässt man jemandem im Stich?

Die Redewendung stammt aus dem Mittelalter: Wenn bei den Turnieren ein Ritter mit der Lanze erwischt wurde, stürzte er vom Ross und lag in der Gefahrenzone. Damit er nicht von seinem Kontrahenten erstochen wurde, musste er von seinem Knappen gerettet werden. Manche Helfer waren aber nicht schnell genug oder so ängstlich, dass sie sich nicht trauten, ihren Herrn unverzüglich aus der Kampfzone zu ziehen. Dann durfte der Kontrahent weiter mit der Lanze auf ihn einstechen. Der Ritter wurde also im wahrsten Sinne des Wortes im Stich gelassen.

Warum reiben wir jemandem etwas unter die Nase?

HÖRERSPASS AM TELEFON
Weil hinter den Ohren schon was geschrieben steht!

Die Redewendung »jemandem was unter die Nase reiben« ist schon sehr alt.

Als die Menschen entdeckt hatten, dass man mithilfe von Steinen Feuer machen kann, gab es eine spezielle Technik, mit der man herausgefunden hat, ob gefundene Steine geeignet waren, Funken zu schlagen: Sie wurden aneinandergerieben und dann unter die Nase gehalten. Wenn die Steine nach Schwefel rochen, war man sich sicher, dass es ein Feuerstein war.

Warum stinkt Geld nicht?

Die Wendung »Geld stinkt nicht« stammt aus der Antike. Im 1. Jahrhundert nach Christus wollte der römische Kaiser Vespasian die leeren Staatskassen auffüllen und kam auf die Idee, die öffentlichen Toiletten mit einer Steuer zu belegen. Das gefiel seinem Sohn aber gar nicht, er tadelte seinen Vater dafür. Daraufhin soll der Kaiser ihm Geld aus den ersten Einnahmen unter die Nase gehalten und ihn gefragt haben, ob es streng rieche, der Sohn verneinte. Mit der Redewendung »Geld stinkt nicht« will man noch heute Geld aus unsauberen Einnahmequellen rechtfertigen. Übrigens heißen die öffentlichen Toiletten in Paris noch heute »Vespasienne«.

Wer hält wem eine Gardinenpredigt?

Der Ausdruck »Gardinenpredigt« wird zum ersten Mal 1743 erwähnt. Früher standen die Betten in Bürgerhäusern entweder in Nischen oder über ihnen befand sich ein Gestell. Das erlaubte es, mit Vorhängen eine Trennwand im Zimmer zu ziehen. Kam der Ehemann nun zu vorgerückter Stunde aus dem Wirtshaus ins eheliche Schlafgemach, war die Gattin außer sich. Sehen wollte sie den Trunkenbold nicht mehr, aber seine Abreibung bekam er trotzdem. Und zwar als Redeschwall hinter dem Vorhang. Die Gardinenpredigt war geboren.

Weshalb haben wir jemanden auf dem Kieker?

Wenn uns jemand auf dem Kieker hat, ist das sehr unangenehm, denn dann werden wir ständig misstrauisch beobachtet, bis wir einen Fehler machen, um dann heftig kritisiert werden zu können. Wir kommen uns vor, als habe jemand sein Fernrohr auf uns gerichtet. Und da Fernrohr in der Seemannssprache umgangssprachlich auch »Kieker« genannt wird, hat uns eben jemand auf dem Kieker. Abgeleitet wurde der »Kieker« im 18. Jahrhundert von dem norddeutschen Verb »kieken« und das bedeutet bekanntlich schauen oder gucken.

Wer führt jemanden an der Nase herum?

HÖRERSPASS AM TELEFON
Weil Piercing in ist!

Die Redewendung »jemanden an der Nase herumführen« kommt aus der Welt des Zirkus'. Früher war es gängig, den Tieren durch die empfindliche Nasenscheidewand ein Loch zu bohren und durch das Loch einen Ring zu ziehen, an dem ein Seil befestigt wurde. Ein Zug an dem Seil genügte und die Tiere folgten auf Schritt und Tritt. Durch diese Methode wurden selbst wilde Bären gefügig gemacht, sie wurden also gegen ihr Interesse mit unlauteren Mittel manipuliert, eben an der Nase herumgeführt.

Warum machen wir jemanden dingfest?

Das Ding ist eigentlich ein Ting und kommt aus dem alten germanischen Rechtswesen. Da war es der Name für die Gerichtsversammlung der freien, waffenfähigen Männer. Hatte jemand gegen die Regeln der Gemeinschaft verstoßen, wurde er so lange in speziellen vergitterten Räumen festgesetzt, bis das nächste Ting, also die Gerichtsversammlung, tagte. Der Verdächtige wurde also ting-, später dann, dingfest gemacht.

Wer geht auf Nummer sicher?

Die Redensart kam Mitte des 18. Jahrhunderts in Berlin auf. Dort wurden die Stadttore bereits um 21 Uhr verschlossen. An jedem Tor lag eine Feuerwachenbude. Die wurde im Volksmund »Nummer sicher« genannt. Der Grund dafür ist einleuchtend: Damit die braven Bürger ruhig schlafen konnten, wurden alle verdächtigen Personen, die man nach 21 Uhr aufgriff, mit Nummer in der Feuerwachenbude sicher verwahrt.

Warum schreiben wir uns etwas hinter die Ohren?

HÖRERSPASS AM TELEFON
Weil auf der Nase zu wenig Platz dafür ist!

Die Redensart steht für einen alten Rechtsbrauch, der bis ins 17. Jahrhundert zurückreicht. Beim Abschluss von Verträgen, zum Beispiel der Festlegung von Feld- und Ackergrenzen, mussten auch die Kinder der Verhandlungspartner dabei sein. Zur Erinnerung an die Grenzvereinbarung wurde dem Nachwuchs in die Ohren gekniffen, am Ohr gezogen oder eine Ohrfeige verabreicht. Damit schrieb man den Kindern für die Zukunft die Bedeutung des Vertrages hinter die Ohren.

Warum fällt uns keine Perle aus der Krone?

Die Redewendung »da fällt dir keine Perle aus der Krone« hat nichts mit Königen und Kaisern zu tun, sondern kommt aus der Welt des Brautschmucks: Früher war es üblich, dass die Bräute während der Hochzeit reich geschmückte Kronen trugen. Die Kronen waren verziert mit edlen Steinen und kostbaren Perlen. Das sah nicht nur märchenhaft aus, sondern war auch die erste Prüfung für die junge Ehe. Denn löste sich während des Hochzeitsfestes eine Perle aus der Brautkrone, galt das als schlechtes Vorzeichen für die Ehe – ein Albtraum jeder Braut. Es hieß also immer schon aufpassen und vorsichtig sein, damit bloß keine Perle aus der Krone fällt.

Wer hat Flausen im Kopf?

HÖRERSPASS AM TELEFON
Unbefriedigte Männer und frustrierte Frauen!

Flausen sind nichts anderes als Flusen, also kleine Flöckchen aus Pflanzenfasern.
Im Gegensatz zu festem Wollgewebe fliegen die Flusen in der Gegend umher und sind deshalb ziemlich unberechenbar. Genauso unberechenbar sind auch Menschen, die nichts als Unsinn im Kopf haben, z. B. Pläne, die sich nicht verwirklichen lassen, sie haben eben Flausen im Kopf. Übrigens kommt das Wort flauschig auch von den Flausen; die feine weiche Flusenschicht an der Stoffoberfläche ist eben ganz schön flauschig.

Wer reißt sich etwas unter den Nagel?

HÖRERSPASS AM TELEFON
Fragen Sie mal bestimmte Manager!

Die Redewendung geht auf den Dreißigjährigen Krieg zurück. Damals verlangten die jeweiligen Herrscher hohe Steuern von der Bevölkerung. Die Schriftstücke dafür wurden für jeden sichtbar öffentlich angenagelt. Wechselten nun wieder einmal die Fronten, machten die Einwohner das Beste daraus. Sie rissen die Steuerbefehle unter den Anschlagnägeln weg. Das war zwar nicht ganz sauber, sparte aber so manchen Steuergroschen.

Wer schiebt wem was in die Schuhe?

Die Redensart kommt von den Gaunern und Ganoven. Früher schliefen sie nach ihren Raubzügen oft in billigen Herbergen. Einzelzimmer gab es nicht und das war durchaus nützlich für die Räuber. Sie versteckten ihre Beute über Nacht beim Schlafnachbarn, vorzugsweise in der Fußbekleidung. Kontrollierten dann die Gendarmen die Unterkunft, waren die Diebe fein raus. Sie schoben die Schuld den anderen in die Schuhe.

Wer steckt wen in den Sack?

HÖRERSPASS AM TELEFON
Frauen ihre Männer. Und wenn man draufhaut,
trifft man immer den Richtigen!

Diese Redewendung entstand auf dem Jahrmarkt bei einer besonderen Art von Ringkämpfen. Dabei reichte es nicht aus, den Gegner auf den Boden zu werfen, sondern er musste zusätzlich in einen Sack gesteckt werden. Der Verlierer im Ringkampf wurde nicht nur mit Hohn und Spott bedacht, sondern anschließend oft in den Dorfteich geworfen. Man machte ihn zum nassen Sack.

Wer macht sich aus dem Staub?

HÖRERSPASS AM TELEFON
Seit es Swiffer gibt, niemand mehr!

Wir machen uns aus dem Staub, weil wir einfach keine Lust auf das haben, was noch auf uns zukommen könnte. So dachten schon unsere streitsüchtigen Vorfahren im Mittelalter. Die Ritter waren meist einem Scharmützel nicht abgeneigt und zogen begeistert in den Kampf. Lief es allerdings nicht so wie erwartet, dann kamen die Staubwolken im Schlachtgetümmel für einige gerade recht. Sie flohen unauffällig, machten sich also aus dem Staub.

Wer erteilt jemandem eine Abfuhr?

Die Redewendung »eine Abfuhr erteilen« ist im 19. Jahrhundert entstanden. In einigen studentischen Verbindungen war es üblich, im Zweikampf gegeneinander anzutreten. Am weitesten verbreitet war das Fechten mit Säbeln und Degen. Wurde dabei ein Student während des Duells so schwer verletzt, dass er von seinem »Sekundanten« abgeführt werden musste, hatte ihm sein Gegner eine heftige Abfuhr erteilt.

Wer bekommt Oberwasser?

HÖRERSPASS AM TELEFON
Kellner auf dem Ausflugsdampfer!

Im Mittelalter wurden die meisten Mühlen entweder durch Wind- oder durch Wasserkraft angetrieben. Wassermühlen nutzten die Kraft des Wassers von Bächen und kleinen Flüssen. Die Müller waren darauf angewiesen, dass sich im Wehr über ihrer Mühle genug Wasser gestaut hatte, damit sie es über das Mühlrad leiten konnten. Das angestaute Wasser wird als Oberwasser bezeichnet, nur mit ausreichend Oberwasser war es also möglich, eine Mühle anzutreiben. In übertragenem Sinn wird die Redewendung »Oberwasser bekommen« seit dem 19. Jahrhundert verwendet, wenn wir genug Antrieb bekommen, weil wir in eine günstige Lage kommen oder widrige Umstände überwinden.

Wofür erhält der Prügelknabe Prügel?

Der Prügelknabe badet das aus, was andere verzapft haben. Gesellschaftlich eingeführt wurde er im Mittelalter. Junge Prinzen oder Edelleute wurden für ihre Verfehlungen nicht persönlich bestraft, weil man das für unwürdig hielt. Stattdessen bestellte man einen Prügelknaben, der die Züchtigungen einstecken musste. Die Missetäter selber sahen dabei nur zu.

Wer schmeißt mit ollen Kamellen?

HÖRERSPASS AM TELEFON
Im Sommerloch die Fernsehmacher!

Kamellen ist der niederdeutsche Ausdruck für Kamille. Kamillenblüten wiederum sind seit mehr als 2000 Jahren für ihre heilende Kraft bekannt. Wenn man sie allerdings zu lange lagert, dann verlieren sie ihre Wirkung. Sie werden alt oder umgangssprachlich oll. Genau wie eine Nachricht oder ein Film im Fernsehen, den schon jeder kennt, eben eine olle Kamelle.

3. KAPITEL

Einfach tierisch

In diesem Kapitel geht es in der kleinen Wissensmahlzeit um Tiere, die sprichwörtlich und ganz real
unser Leben begleiten!

Warum krähen Hähne am Morgen?

Weil sie mittags ein Nickerchen machen!

Hähne sind auch nur eingebildete Gockel. Sie müssen erstens krähen, um der Konkurrenz zu zeigen, dass sie besser sind. Lautstark markieren sie ihr Revier. Das ist morgens schon deshalb wichtig, weil die Rangordnung erneut festgelegt wird. Die Hähne krähen zweitens, weil sie die Damen auf dem Hühnerhof beeindrucken möchten. Denn: Auch die Hennen sind nicht ganz ohne und haben eine eigene Hierarchie – die Junghennen unten, die Althennen oben. Letztere sind stolz und nicht immer bereit, den Tretgelüsten des Hahns zu folgen. Nimmt das aber überhand, schwächt es seine Position. Der Rivale könnte ihn vom Hof jagen. Also wirft er seinen Kamm zurück und kräht und kräht und kräht. Den ganzen Tag, aber morgens noch ein bisschen mehr.

Wieso speisen wir am Katzentisch?

Katzen-Tische waren ursprünglich tatsächlich für die Haustiere da, es gab sie schon in der Antike. In den besseren Kreisen wurde auf sehr niedrigen Tischen für Katzen und Hunde das Fressen serviert. Zur Zeit des französischen Hochadels waren Katzentische am Hof allgemein üblich. Sie standen weit weg von den Tischen, an denen die feinen Damen und Herren speisten. Der Begriff Katzentisch wurde einfach auf die heutige Zeit übertragen für Plätze, die nicht zur eigentlichen Tischordnung gehören oder sehr ungünstig platziert sind.

Warum kriegen Wasservögel keine kalten Füße?

Weil sie dickere Socken tragen als wir!

Pinguine zum Beispiel haben direkten Zugriff auf den Blutstrom in ihren Füßen. Kaltes Blut aus den Füßen und warmes Blut zu den Füßen treffen sich wie bei einem Wärmeaustauscher. Dadurch wechselt die Wärme und es kommt wenig in den Füßen an. Halten Sie mal ein Thermometer im Winter an Pinguinfüße! Temperatur: ca. 2 Grad über Null.

Weshalb fallen schlafende Vögel nicht vom Ast?

Weil sie nicht schnarchen!

Schlafende Vögel fallen deshalb nicht vom Ast, weil sie sich unbewusst festkrallen. Dafür sind die raffiniert angeordneten Sehnen in den Beinchen verantwortlich: Die Beugesehne verläuft durch das gesamte Bein, schlingt sich um das Knöchelgelenk und zieht dann weiter zur Unterseite der Krallen. Schläft ein Vogel auf einem Ast ein, ruht sein Körpergewicht auf den Beinen, die Knie werden gebeugt, die Beugesehne angespannt und dadurch die Krallen geschlossen.

Warum hat das Zebra Streifen?

HÖRERSPASS AM TELEFON
Weil die Punkte ausgegangen sind!

Alles Tarnung für das Zebra. Durch die Streifen verschwimmt der körperliche Umriss und das Zebra ist von Raubtieren schwer zu erkennen. Das einzelne Tier verschmilzt mit seiner Herde und so schützt man sich gegenseitig. Aber auch die Insekten werden optisch getäuscht. Mit ihren Facettenaugen können sie Zebras in der Bewegung kaum noch wahrnehmen. Die Streifenanordnung ist übrigens für jedes Zebra einmalig.

Wieso können Mücken auch fliegen, wenn es wie aus Kübeln schüttet?

Mücken rutschen, wenn man so will, einfach am Regentropfen vorbei. Und zwar mit Druck. Der Regentropfen transportiert nämlich eine Mini-Druckwelle vor sich her. Die schiebt die Mücke einfach aus der Tropfenbahn. Damit kann die Mücke auch bei starkem Regen fliegen. Fliegenklatschen müssen diese Druckwelle klein halten. Deshalb bestehen sie meistens aus maschenartigem Gewebe. So können die Plagegeister nicht entkommen.

Warum heißen die Regenwürmer eigentlich Regenwürmer?

Weil sie sich rege regen, wenn es regnet!

Für den Namen Regenwurm gibt es zwei Erklärungen: Die erste hat tatsächlich mit Regen zu tun. Wenn es regnet, kriechen die Würmer bekanntlich schnellstens aus der Erde nach oben. Das tun sie aber nicht, weil sie es schön finden, sich nass regnen zu lassen, sondern weil sie Angst haben. Würden sie nämlich bei Regen in ihren unterirdischen Wohnröhren bleiben, würden sie ertrinken. Und die zweite Erklärung hat mit der unterirdischen Aktivität der Regenwürmer zu tun. Im 16. Jahrhundert wurden sie auch »reger Wurm« genannt. Aus der Bezeichnung wurde dann später der Regenwurm.

Sind die Marienkäferpunkte aus Flensburg?

Nur über 200 km/h!

Kann sein, denn Marienkäfer sind weit verbreitet. Der bekannteste ist der Sieben-Punkt-Marienkäfer. Zweifelsohne steht er damit in Flensburg ganz gut da. Das kann man nicht von allen seinen Artgenossen sagen, denn da schwankt die Punkteanzahl zwischen 2 und 24. Die Punkte haben aber nichts mit dem Alter zu tun. Marienkäfer leben in Mitteleuropa nur ein Jahr und ihre Punkte bleiben immer gleich. Der Name wird von der Jungfrau Maria abgeleitet. Die soll die kleinen Krabbler geschickt haben, um Blattläuse zu vertilgen und vor Hexen und Unheil zu schützen.

Warum haben wir Schwein?

Die Redewendung »Schwein haben« stammt wahrscheinlich aus dem Mittelalter. Bei Wettkämpfen war es Sitte, dem Schlechtesten einen Trostpreis zu geben, meist bekam der Verlierer ein Schwein geschenkt. Er bekam also etwas, ohne es verdient zu haben. Damit wurde er zwar lächerlich gemacht, hatte aber trotzdem etwas Wertvolles bekommen. Der Verlierer hatte also Glück im Unglück und damit Schwein gehabt.

Wieso müssen Tauben ständig mit dem Kopf nicken?

HÖRERSPASS AM TELEFON
Weil sie sich auf ihre Karriere als Politiker vorbereiten!

Menschliche Augen sind recht flexibel. Für ein stabiles Bild der Umgebung auf der Netzhaut sind sie gut ausgerüstet. Tauben, aber auch Hühner, sind da im Nachteil. Wenn sie sich bewegen, kann das liebe Federvieh nur begrenzt das sich verschiebende Bild ausgleichen. Da machen die Augen nicht mehr mit. Jetzt kommt der gesamte Kopf ins Spiel. Die Taube läuft einen Schritt - Pause - das Bild stabilisiert sich auf der Netzhaut. Und weiter geht es: Die Taube rückt mit dem Kopf nach vorn, peilt den nächsten Punkt an und sieht wieder scharf und durch.

Was geht auf keine Kuhhaut?

HÖRERSPASS AM TELEFON
Was auf eine Elefantenhaut passt!

Die Redewendung »das geht auf keine Kuhhaut!« stammt aus dem Mittelalter. Die Menschen glaubten daran, dass der Teufel ihnen nach ihrem Tod all ihre Sünden vorhält. Er soll nämlich eine Art Sündenregister führen und alle Fehltritte auf Pergament notieren. Pergament wurde damals aus Kuhhäuten angefertigt. Und wenn ein Mensch während seines Lebens so viele Sünden begangen hatte, dass auf dem Pergament kein Platz mehr war, gingen seine Übeltaten auf keine Kuhhaut.

Warum beißt die Maus keinen Faden ab?

Diese Redensart kommt wahrscheinlich aus dem Schneiderhandwerk. Schneider waren früher meistens arme Schlucker. Sie teilten ihre Unterkunft oft mit vielen Mäusen. Da es aber bei den Schneidern meistens keine großen Speisevorräte gab, knabberten die Nager gern das von den Kunden gelieferte Tuch an. Der Schneider, der dem Auftraggeber bestätigen musste, dass er das Stück Tuch vollständig verarbeitet hatte, tat das mit den Worten: Nichts ist vergeudet. Selbst die Maus beißt keinen Faden ab.

Wann kommen wir auf den Hund?

HÖRERSPASS AM TELEFON
Wenn die Katze aus dem Haus ist!

Die Redensart ist im frühen Mittelalter entstanden. In den Schlössern und Burgen der Ritter und Edelleute galt ein gutes Mahl als besonderes Vergnügen. Als Tische dienten Holzblöcke, als Teller nahm man große, runde und knusprig gebackene Brotscheiben. Nach dem Essen wurden diese mit Soße und Salz durchtränkten Brotteller den Hunden vorgeworfen oder den Bettlern als Almosen überlassen. Damit waren diese in den Augen der Wohlhabenden auf den Hund gekommen.

Warum macht eine Schwalbe noch keinen Sommer?

Weil auch eine Nacht noch keine Liebe macht!

Die Redewendung »eine Schwalbe macht noch keinen Sommer« stammt aus der Antike, sie geht auf eine Fabel des griechischen Dichters Äsop zurück. In »Der verschwenderische Jüngling und die Schwalbe« erzählt Äsop die Geschichte eines jungen Mannes, der im Frühling eine Schwalbe sieht und daraufhin seinen Mantel versetzt. Doch anstatt der erhofften warmen Tage bleibt es winterlich kalt. Der frierende Mann fühlt sich von der inzwischen erfrorenen Schwalbe betrogen. Und die Moral von der Geschicht': Eine Schwalbe macht den Sommer nicht.

Weshalb wird der Hund in der Pfanne verrückt?

Weil er in den Topf nicht reinpasst!

Der Hund wird in der Pfanne verrückt, wenn wir eine unglaubliche Geschichte hören. Die Redensart geht auf Till Eulenspiegel zurück. In Einbeck erhielt er dereinst von seinem Braumeister die Weisung, mit Sorgfalt Hopfen zu sieden. Nun hatte aber sein Arbeitgeber einen Hund, der Hopf hieß.

72 ➡ HÖRERANTWORT *»Weil ihr die dritten Zähne dabei immer rausfallen!«*

Also warf Till Eulenspiegel kurzerhand den armen Vierbeiner in die Würze. Als man den Sud abgelassen hatte, fand der tobende Braumeister die Überreste seines Hundes in der Braupfanne. Seitdem wird der Hund in der Pfanne verrückt.

Was haben Bockwürste mit Böcken gemeinsam?

HÖRERSPASS AM TELEFON
So viel wie Sex mit Fußball! Entweder oder!

Kein Bock muss für die Bockwurst seine Hörner lassen. In der Bockwurst kann Schwein, Schaf, Geflügel oder eine andere Fleischsorte stecken. Für Berliner Bockwurst brauchen Sie frisches Schweinefleisch, gepökeltes Rindfleisch, Pfeffer, Paprika und Muskat. Auf jeden Fall war der knackfrische Imbiss bald der Lieblingssnack zum Bockbier. So wurde aus der »Wurst zum Bockbier« in kurzer Zeit »die Bockwurst«. Stellt sich die Frage: Wie kommt das Bier zum Bock? Antwort: Es muss in Einbeck gebraut werden. In der niedersächsischen Stadt wurde im Mittelalter ein berühmtes Starkbier ausgeschenkt, das »Einbecker Bier«. Vielleicht war der Name zu lang für die maulfaulen Zecher, oder die Zunge streikte nach mehreren Gläsern, übrig blieb: Das Bockbier.

Weshalb machen wir nicht viel Federlesens?

Weil alle schon im Kopfkissen stecken!

Die Redewendung kommt aus dem 11. Jahrhundert. Damals hielten sich die Ritter Bedienstete, die nur dafür zuständig waren, Fasern und Federn von den ritterlichen Prachtgewändern zu entfernen. Das erfolgte meistens während der Anprobe. Die Untergebenen hatten also jede Menge Zeit, sich bei den Herrschaften ins rechte Licht zu setzen. Sie machten viel Aufhebens vom Federlesen. Genutzt hat es 200 Jahre später nichts mehr. Die Ritter vezichteten auf die Dienste der Federklauber und machten nicht viel Federlesens davon.

Wieso gibt es nur am Südpol Pinguine?

Weil der Weg zum Nordpol zu weit ist.
Da marschiert nur Frank Schöbel hin.

Das hängt damit zusammen, dass die Kontinente sich vor Millionen Jahren verschoben. Antarktis, Südamerika, Südafrika und Australien lagen früher näher zusammen. Nun geschah folgendes:
Erstens verlernten die Pinguinvorfahren das Fliegen. Zweitens verabschiedete sich die Antarktis in Richtung Südpol. Die Tiere nahm sie einfach mit. Übrigens wohnte auch auf der Nordhalbkugel ein Vogel,

der flugunfähig war: der Riesenalk. Damit konnte sich allerdings der Eisbär nicht anfreunden und so starb der Riesenalk 1844 aus.

Warum beginnen Horoskope meist mit dem Sternzeichen Widder?

Astrologen rechnen nicht mit dem heute gültigen gregorianischen Kalender, sondern mit seinem Vorgänger, dem julianischen Kalender. Der julianische Kalender orientierte sich nicht an den Monaten, sondern an den Jahreszeiten, er begann also nicht mit dem Winter, sondern mit dem Frühling. Das astrologische Jahr beginnt also mit dem Frühlingsanfang und da der Frühlingsanfang Ende März ist, beginnen die meisten Horoskope mit dem Sternzeichen Widder.

Weshalb ist alles für die Katz?

Die Redewendung geht zurück auf eine Geschichte aus dem 16. Jahrhundert. Titel: Vom Schmied und seiner Katze. Darin überlässt es der Schmied den Kunden, wie sie ihn für seine Arbeit entlohnen. Meistens wird es nur ein Dankeschön. Daraufhin bindet der Schmied seine Katze in der Werkstatt an und sagt bei jedem leeren Dank: »Katz, das geb ich dir.« Vom Dank allein kann die Katze aber nicht leben. Es dauerte gar nicht lange und sie war verhungert. Von nun an verlangte der Schmied wieder seinen ihm zustehenden Lohn. Und alles andere ist seitdem für die Katz.

Warum hat ein Auto Pferdestärken?

HÖRERSPASS AM TELEFON
Weil der Ochse schon am Steuer sitzt!

Die Pferdestärke verdanken wir James Watt. Der hatte 1783 die Dampfmaschine erfunden und wollte die natürlich auch an den Mann bringen. Geeignete Kunden waren zum Beispiel Minenbesitzer. Damals transportierte man nämlich Wasser in den Bergwerken mit Pumpen nach oben, die von Pferden angetrieben wurden. Dampfmaschinen konnten das natürlich viel besser. Um dies den Bergwerksbesitzern deutlich zu machen, entwickelte James Watt die Pferdestärke als Maßeinheit. Eine Pferdestärke bedeutete also damals die Last, die ein normales Arbeitspferd innerhalb einer Sekunde 1 m in die Höhe ziehen konnte. Später wurden die PS dann auch auf die Autos übertragen.

Wann zieht es wie Hechtsuppe?

Die Herkunft dieser Redewendung ist nicht eindeutig belegt. Drei Erklärungen gibt es dafür:
Erstens: Mit Hecht wurde früher in Berlin und Umgebung dicker Tabaksqualm bezeichnet. Der musste ab und zu mit einem kräftigen Luftzug entfernt werden.
Zweitens: Die Redensart kann jedoch auch darauf beruhen, dass Fischsuppe lange ziehen musste, um den typischen Geschmack zu entfalten.

Drittens (und das ist am wahrscheinlichsten): Hechtsuppe leitet sich aus dem Jiddischen Hech supha, sprich: ejch sùpe, ab und bedeutet: wie ein Sturm, wie ein Orkan.

Wieso geben Kühe weiße Milch, fressen aber grünes Gras?

HÖRERSPASS AM TELEFON
Muuuuuuuuuuuuuuuuuuuuuuuuuuh!

Wenn die Kuh grünes Gras frisst, wird es verdaut und die Nährstoffe werden abgespalten. Die Farbe allerdings nicht. Außerdem: Milch entsteht nicht in den Verdauungsorganen, sondern ist ein Drüsensekret. Sie besteht aus Wasser, Milchzucker, Milchfett und Eiweiß. Das Fett ist in winzigen Tropfen in der Milch verteilt. Diese streuen das Licht und sorgen dafür, dass die Milch weiß aussieht. Dezent grün ist höchstens der Kuhfladen.

Warum erweisen wir einen Bärendienst?

Gut gemeint und trotzdem voll daneben, das ist ein Bärendienst. Die Redensart gibt es etwa seit 1900 und geht vermutlich auf La Fontaines Fabel »Der Bär und der Gartenliebhaber« zurück. In dieser Geschichte möchte der dienstbeflissene Bär eine Fliege verscheuchen. Und zwar von der Nase des schlafenden

Gärtners. Dazu nimmt er einen Stein und wirft nach dem Insekt. Die Fliege stirbt, aber leider auch der Gärtner. Und seitdem verzichtet jeder gern auf den Bärendienst.

Auf wen fliegen Mücken?

Mücken interessieren sich für uns Menschen, weil sie sich fortpflanzen. Die weiblichen Moskitos brauchen nämlich unser Blut, damit sich ihre Eier entwickeln. Mückenmännchen sind dagegen harmlose Vegetarier. Aber was zieht die Weibchen nun tatsächlich an? Auf jeden Fall ist es nicht das sogenannte süße Blut. Stechmücken orientieren sich von Weitem an Farben. Dunkle Kleidung lockt mehr als helle. Je näher sie uns kommen, desto mehr gehen sie der Nase nach. Hautschweiß und Atem spielen dabei eine entscheidende Rolle. Übrigens: Mücken stehen auf glatte Haut. Wenn die Weibchen stechen, dann möglichst an Stellen, die gut durchblutet und wenig behaart sind.

Warum werden Schweine nicht gemolken?

HÖRERSPASS AM TELEFON
Weil es so kleine Melkschemel nicht gibt!

Es gibt 3 Gründe dafür, dass wir Schweine nicht melken: Erstens lässt sich eine Sau nur sehr schwer melken, weil sie ihre Milch intervallweise produziert. Zweitens schmeckt Schweinemilch nicht besonders gut. Sie soll sauer und bitter schmecken und außerdem sehr,

sehr fett sein und drittens wäre es für die Ferkel fatal, wenn wir ihnen die Milch wegnehmen würden: Eine Sau produziert zwar viel Milch, bekommt aber auch viele Junge, je Wurf sind es 8 bis 12 Ferkel. Neugeborene Ferkel haben noch kein ausgebildetes Immunsystem, im Gegensatz zu anderen Nutztieren – wie Kühen, Ziegen und Schafen – können sie Antikörper gegen Krankheitserreger erst durch die Muttermilch aufbauen. Wir können Ferkel also nicht mit Ersatznahrung aufpäppeln und deshalb melken wir auch keine Schweine.

Weshalb binden wir einen Bären auf?

Die Redewendung »jemandem eine Bären aufbinden« gibt es schon seit dem 17. Jahrhundert. Wo sie ursprünglich herkommt, ist nicht sicher geklärt. Einige Experten glauben, dass sie aus der Jägersprache kommt. Die Jäger sollen gern untereinander mit ihrer Beute geprahlt und übertrieben haben. Und so soll im »Jägerlatein« aus einem Hirsch auch schnell mal ein gefährlicher Bär geworden sein. Andere Wissenschaftler leiten die Herkunft des Bären von dem germanischen Wort »bar« ab. »Bar« bedeutet tragen und damit ist die Last gemeint, die man auf dem Rücken eines Menschen befestigt, wenn man ihm einen Bären aufbindet.

Warum fliegen nachtaktive Falter immer zum Lampenlicht?

Auch nachtaktive Falter orientieren sich am Licht. Sie nutzen das Licht des Mondes und der Sterne. Um geradeaus zu fliegen, halten sie einen bestimmten Winkel zu den Lichtstrahlen ein. Nutzen sie dazu den Mond, ist es für sie leicht, die Bahn zu halten, weil der Mond ja weit weg. Das geht so lange gut, bis der Falter künstliches Licht wahrnimmt, denn das ist meist heller und damit besser wahrnehmbar. Da aber künstliche Lichtquellen ihre Lichtstrahlen in Kreisform abgeben, muss der Falter ständig seine Flugbahn korrigieren. Er fliegt nun nicht mehr geradeaus, sondern endet auf einer Kreisbahn um die Lampe.

Warum tragen wir Eulen nach Athen?

Die Redensart »Eulen nach Athen tragen« geht auf den griechischen Dichter Aristophanes zurück. Dabei bezog er sich auf ein griechisches Zahlungsmittel, die Tetradrachme. Für ihn war es völlig überflüssig, ins reiche Athen zusätzlich noch diese Silbermünzen mit der Eule zu schicken.
»Eulen nach Athen tragen« ist sozusagen die Mutter für viele modernen Varianten des Sprichworts, die heute weit verbreitet sind. Zum Beispiel »Krokodile nach Ägypten« oder »Bier nach München« bringen. In Hamburg, Magdeburg und Dresden kennen wir noch eine andere Spielart: »Das ist doch Wasser in die Elbe getragen«. Und

wenn wir noch einmal zu unserem Ausgangspunkt, zur Tetradrachme in Athen zurückkommen: Auf der griechischen 1-Euro-Münze ist gleichfalls eine Eule drauf.

Warum jucken Mückenstiche?

Die Mücke ist ganz schön clever. In Phase eins sollen wir nicht mitbekommen, dass wir gestochen werden, und deshalb betäubt die Mücke dort, wo sie einsticht. In diesem Moment juckt es aber noch nicht. In Phase zwei gibt uns der Plagegeist aber zusätzlich einen Stoff, der verhindert, dass das Blut gerinnt. Und jetzt läuten in unserem Abwehrsystem die Alarmglocken. Der Körper wehrt sich und pumpt Histamin in den Blutkreislauf. Und das juckt gewaltig.

Warum kann das kein Schwein lesen?

HÖRERSPASS AM TELEFON
Weil die Brille immer von der Schweinenase rutscht!

Mit Schweinen hat diese Redensart nichts zu tun. Denn: Ob nun »Sauklaue« oder nicht, früher konnten viele Menschen nicht lesen. Also klopften sie bei jemandem an, der davon Ahnung hatte. Bei einem Gelehrten stand auf dem Namensschild »Swyn«. Familie Swyn war sehr hilfsbereit. Einige Briefe waren aber so gekrakelt, dass selbst die Swyn's sich darauf keinen Reim machen konnten. Dann sagten alle: »Dat kann keen Swyn lesen.« Und weil Swyn gleichzeitig auf plattdeutsch »Schwein« bedeutet, heisst es heute: Das kann kein Schwein lesen.

➡ HÖRERANTWORT »*Weil die Fluglotsen streiken!*«

4. KAPITEL

Ab in den Urlaub!

In diesem Kapitel geht es in der kleinen Wissensmahlzeit um Spannendes, Genüssliches,
Ärgerliches, Rührendes, Erbauliches, Verliebtes
und Verblüffendes!

Warum werden manche Menschen seekrank?

Durch den Wellengang auf See wird das Schiff be-
schleunigt. Diese Beschleunigung wirkt sich auf das
Gleichgewichtsorgan im Innenohr aus. Es sendet Bewegungssignale an das Gehirn. Das Gehirn will nun
die Bewegungssignale verarbeiten, bekommt aber
auch die Signale von den anderen Sinnesorganen,
zum Beispiel vom Auge. Das Auge kann aber z. B. in
geschlossenen Schiffskabinen die Bewegung auf
See nicht registrieren und meldet an das Gehirn:
»Alles ruhig!« Nun weiß das Gehirn nicht,
welchem Sinnesorgan es glauben soll, und kann die Bewegungs-
meldung vom Innenohr nicht zuordnen. Es kommt zu einer Fehler-
meldung und uns wird übel.

Weshalb frieren wir wie ein Schneider?

Schneider waren früher körperlich schwächere Männer mit wenig
Muskeln, hatten demzufolge fast gar nichts auf den Rippen. Außerdem bewegten sie sich beim Nähen kaum, Resultat: Zähneklappern
und ständig Gänsehaut.

Wie viel ist ein Quäntchen Glück?

Quäntchen ist die Verkleinerungsform von »Quent«. In Quent steckt das lateinische Wort »quintus«, das bedeutet »der fünfte Teil«. Bis ins 18. Jahrhundert war in Deutschland das gültige Handelsgewicht das Lot. Und nun kommt das Verblüffende: Ein Quäntchen ist nicht etwa 1/5 Lot, sondern 1/4 Lot. Meist wurde ein Lot mit rund 14,6 g angegeben. Ein Quäntchen – 1/4 davon – sind dann rund 3,65 g. Berechnung hin oder her: Auf jeden Fall ist ein Quäntchen ein bisschen Glück.

Was ist eine Binsenwahrheit?

HÖRERSPASS AM TELEFON
Manche Politiker gehen in die Binsen und trotzdem nicht verloren!

Eine Binsenweisheit bringt uns nicht wirklich weiter, denn jeder kennt sie schon. Die Binse ist nun ein weitverbreitetes Riedgras, an dem nichts Besonderes dran ist, einfach und wenig auffallend, deshalb Binsenweisheit und Binsenwahrheit. Eine andere Redewendung geht auch auf die Binse zurück. Binsen wachsen in dichten Beständen. Ein geschossenes Wild kann darin verloren gehen. Es geht in die Binsen.

Wer mahlt zuerst, wenn er kommt?

Die Redewendung »Wer zuerst kommt, mahlt zuerst« stammt aus dem Mittelalter: Da nicht jeder Bauer eine Mühle hatte, mussten sich die Bauern mit ihrem Getreide bei den Mühlen anstellen und wer zuerst kam, wurde als Erster bedient. Aus dieser Regelung wurde ein Rechtsgrundsatz. Er ist in Eike von Repgows »Sachsenspiegel« nachzulesen. In dem Rechtsbuch wurde damit geregelt, dass für die Reihenfolge der »Zeitvorsprung« entscheidend sein soll und nicht irgendwelche Privilegien.

Weshalb legen wir einen Zahn zu?

Für die Herkunft der Redewendung »einen Zahn zulegen« gibt es zwei Erklärungen. Erstens: Im Mittelalter wurden Wasser und Speisen in großen Kesseln erhitzt. Die Kessel hingen über offenem Feuer und wurden mit höhenverstellbaren Haken in eine Zahnstange gehängt. Wollte man nun den Inhalt des Topfes schneller erhitzen, wurde er einfach einen Zahn tiefer gehängt. Zweitens: Früher wurde die Fahrgeschwindigkeit mit einem Handgashebel geregelt. Der Handgashebel wurde mithilfe eines Zahnrades festgestellt. Um schneller zu fahren, musste man also einen Zahn zulegen.

Wer kommt mit Kind und Kegel?

Die Bezeichnung Kegel stand im 13. Jahrhundert einfach nur für Taugenichts, Bengel und Stift, also für ein flegelhaftes Kind. 1422 wird dann aus dem ungeratenen das uneheliche Kind. Heute gebraucht man Kind und Kegel wieder augenzwinkernd für eine große Verwandtschaft. In Frankreich übrigens sagt man: Avec armes et bagages. Mit Waffen und Gepäck. Und auch daraus haben wir Deutsche was gemacht: Wer mit der Familie reist, kommt mit der ganzen Bagage.

Warum bekommen wir von etwas Wind?

Weil die Ohren nicht auf Durchzug stehen!

Die Redewendung »von etwas Wind bekommen« kommt aus der Jägersprache: Wenn ein Jäger nicht aufpasst und mit der Windrichtung das Wild erlegen will, passiert Folgendes: Der Wind trägt dem Wild den Geruch des Jägers zu, es bekommt Witterung und sucht das Weite. Im übertragenen Sinne benutzen wir die Redewendung, wenn eine Sache geheim bleiben sollte, aber doch auf irgendeine Weise bekannt wurde. Wir bekommen also wie das Wild im Wald den Wind aus der richtigen Richtung und erfahren Dinge, die uns verborgen bleiben sollten.

Wann hören wir das Gras wachsen?

Wer das Gras wachsen hört, kommt sich besonders klug vor. Dabei geht die Redewendung zurück auf einen durchaus zweckmäßigen Brauch der Indianer. Um für den Winter ausreichend Nahrungsvorräte anzulegen, war man auf das Bison angewiesen. Die Jäger pressten ihr Ohr an die Erde, um herauszubekommen, wohin die Tiere gerade zogen. Weil die Prärie mit Gras bedeckt war, sah es aus, als ob sie das Gras wachsen hörten.

Warum lesen wir jemandem die Leviten?

Weil es sonst keine Gebrauchsanweisung gibt!

Die Wendung »jemandem die Leviten lesen« stammt aus dem Mittelalter. Für einige Mönche gehörte es zum Ordensleben, Andacht zu üben und Buße zu tun, indem sie Bibeltexte lasen. Sehr häufig wurde aus dem dritten Buch Moses gelesen. Weil im dritten Buch Moses vor allem Verhaltensmaßregeln stehen, wurde es auch »Levitikus« genannt, aus dem Lesen im »Levitikus« wurde später dann einfach das Levitenlesen gemacht.

Warum ist die Sonne rot, wenn sie aufgeht?

Weil sie sich schämt, dass die Sachsen-Anhalter noch früher aufstehen!

Eigentlich ist die Sonne beim Auf- und Untergehen gar nicht rot. Dass sie uns rot erscheint, ist eine optische Täuschung. Wir können nur das Licht sehen, das bei uns auf der Erde ankommt. Die Lichtstrahlen müssen sich nämlich durch die Erdatmosphäre kämpfen und da die auf- bzw. untergehende Sonne weiter von der Erde entfernt ist als beispielsweise die Mittagssonne, müssen die Lichtstrahlen einen weiteren Weg bis zur Erde zurücklegen, werden also an viel mehr Luftmolekülen gestreut. Die roten Anteile des Lichts haben die längste Wellenlänge, werden also am Wenigsten abgelenkt und schaffen es am ehesten bis zur Erde.

Weshalb ist es schwieriger, einen länglichen Luftballon aufzublasen als einen runden?

Der kleinere Durchmesser des länglichen Luftballons macht den Unterschied. Wir brauchen einfach höheren Druck, damit der Gummi sich formt. Also müssen wir mehr Kraft aufwenden. Aber wenn der Anfang geschafft ist, wird es leichter. Je länger man bläst, desto weniger Druck braucht man für den Luftballon. Wenn er allerdings noch platzen soll, steigt der erforderliche Druck noch einmal erheblich an. Aber wer will das schon.

Warum funkeln die Sterne?

Trifft das Licht eines Sterns in die Erdatmosphäre, muss es sich sowohl durch warme als auch durch kalte Luft kämpfen. In der warmen ausgedehnten Luft sind weniger Luftmolekühle als in der kalten, die Lichtstrahlen werden also unterschiedlich stark abgelenkt. Ein Lichtstrahl wird somit auf seinem Weg bis zu unserem Auge mal mehr und mal weniger gebrochen. Jedes Mal, wenn der Lichtstrahl von unserem Auge abgelenkt wird, verschwindet er für einen Moment und taucht im nächsten wieder auf und das nehmen wir als Funkeln wahr.

Wieso ist der Montag blau?

Experten haben lange gestritten, woher die Bezeichnung »blauer Montag« ursprünglich kommt. Sie spalten sich in zwei Lager: Die einen sagen, dass die Bezeichnung aus dem 16. Jahrhundert stammt. Damals hatte jede Zunft ein eigenes Jahresfest, das wurde immer an einem Sonntag gefeiert und am darauf folgenden Montag wurde für die Toten der Zunft eine blaue Messe gehalten, blau deshalb, weil das Messgewand blau war. Die anderen leiten den

blauen Montag von dem Montag vor Beginn der Fastenzeit ab. An diesem Tag war die liturgische Farbe Blau vorgeschrieben. Auf jeden Fall wurde an einem blauen Montag nie gearbeitet.

Warum wird in manchen Ländern links gefahren und in anderen Ländern rechts?

Der Linksverkehr stammt aus der Zeit der Ritter. Sie hielten die Zügel der Pferde in der linken Hand, damit sie das Schwert mit der rechten führen konnten. Um nun den Gegner sicher mit dem Schwert treffen zu können, mussten sie links an ihm vorbeireiten. Und so hatte sich auf Wegen und Straßen zunächst der Linksverkehr durchgesetzt. Demgegenüber wurde aber in der Binnenschifffahrt schon immer rechts gefahren. Der Rechtsverkehr auf dem Wasser hatte sich so gut bewährt, dass er sich nach und nach auch auf den Straßen durchsetzte. Gesetzlich verankert wurde das Rechtsfahren zum ersten Mal von Robespierre und Napoleon. Beide wollten eine einheitliche Verkehrsführung schaffen, um ihre Truppen im Kriegsfall geordnet und so schnell wie möglich verschieben zu können.

Seit wann halten wir hinter dem Berg?

HÖRERSPASS AM TELEFON
Seit dort genügend Parkplätze sind!

Wir halten etwas hinter dem Berg, weil wir es erst bei passender Gelegenheit hervorholen möchten. Die Redensart geht zurück auf die Soldatensprache im 16. Jahrhundert. In den Schlachten war es nämlich üblich, dass sich die Artillerie hinter Berghügeln in Bereitschaft hielt. Damit bemerkte der Feind sie nicht. Erst im günstigsten Moment brachen die Artilleristen aus dem Versteck hervor und der Gegner war geschlagen.

Wo ist JWD?

Wenn ein Ort sehr abgelegen und schlecht zu erreichen ist, ist er JWD. Die Abkürzung JWD steht für »janz weit draußen«. Warum heißt es nicht GWD für »ganz weit draußen«? Die Redewendung »das ist JWD« kommt ursprünglich aus dem Berlinischen. Und da in Ber-

lin gern das G als J ausgesprochen wird, wurde eben das G zu J gemacht. Wahrscheinlich leitet sich die Abkürzung von den histori-
schen Postzustellerbezirken her. So stand für Berlin Südwest zum
Beispiel Berlin SW und für »janz weit draußen« eben JWD.

Wieso ist das Meer salzig?

HÖRERSPASS AM TELEFON
Weil der liebe Gott verliebt war, als er
das Meer schuf!

Wenn Regenwasser versickert, wäscht es auf seinem Weg nach unten
Salze aus den Gesteinsschichten heraus. Wieder an der Erdoberflä-
che, wird die mitgeführte Mineralfracht über Bäche und Flüsse ins
Meer transportiert. Wenn dann über dem Meer erneut Wolken entstehen und über dem Land abregnen, beginnt der Salztransport von
vorn. So hat sich in den Ozeanen über Millionen Jahre Salz angerei-
chert. Die Flüsse und Ströme dagegen bleiben salzarme Binnenge-
wässer.

Warum sehen wir ohne Taucherbrille
unter Wasser unscharf?

Dass wir unter Wasser ohne Taucherbrille verschwommen sehen, ist
reine Physik:
Wasser hat nämlich eine viel höhere Dichte als Luft. Wir haben also
viel mehr Moleküle bzw. Teilchen vor Augen. Die Wassermoleküle
lenken die Lichtstrahlen auf dem Weg zu unserem Auge ab und wir

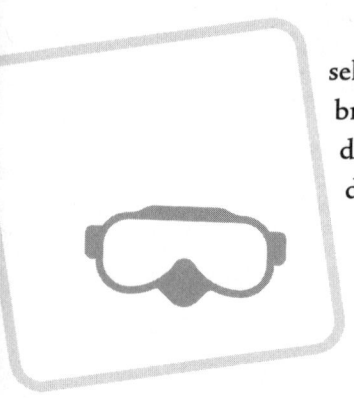

sehen verschwommen. Setzen wir nun eine Taucherbrille auf, haben wir wieder Luft vor den Augen und
damit weniger Teilchen, also weniger Luftmoleküle,
die das Licht stören könnten.

Warum sind die Ampelfarben Rot, Gelb und Grün?

Ursprünglich hatte man »Blau« als Farbe in Erwägung gezogen. Dies
aber wieder verworfen, weil sich »Blau« als Signalfarbe für den Menschen nicht eignet. Wir haben nämlich in der Mitte unserer Netzhaut keine Blaurezeptoren. Dadurch erscheint »Blau« weniger hell.
Also griff man auf das Signalwesen auf See zurück, wo seit jeher auch
rote, gelbe und grüne Flaggen benutzt werden. Rote Lichtwellen
werden zum Beispiel durch Regen oder Nebel weniger geblockt oder
gestreut. Rot ist also am auffälligsten. Die Gegenfarbe zu Rot ist
Grün. Beide heben sich kontrastreich voneinander ab. Gelb liegt da-
zwischen, hat auch Signalcharakter und stellt eine optimale Verbindung zu Grün her.

Woher kommt das Mauerblümchen?

HÖRERSPASS AM TELEFON
Erst hockte es ganz sauer auf der Mauer!
Keiner durfte ran.
Jetzt ist sie weg die Mauer.
Das Blümchen liegt nun auf der Lauer.
Nach 'nem Mann!

Als Mauerblümchen wurden früher oft Frauen verspottet, die bei Tanzveranstaltungen nicht zum Tanzen aufgefordert wurden. Sie blieben im Saal an der Wand sitzen, sodass sie von den Männern erst recht übersehen wurden, genau wie eine Blume, die nicht auf einer satten Wiese – wie der Tanzfläche – sondern an einer Mauer blüht. Ein Beispiel dafür ist das Zimbelkraut, es wird auch Mauerblümchen genannt. Unterstützt wurde der Vergleich mit einem Mauerblümchen auch dadurch, dass früher die Mädchen und jungen Damen bei Tanzveranstaltungen oft geblümte Kleider trugen.

Wieso heißen Stockwerke auch Geschosse?

Für die Bezeichnung Geschosse gibt es zwei Erklärungen. Die erste geht auf eine Holzbauweise zurück, bei der die Stockwerke dadurch entstanden sind, dass in ein Ständerwerk Quer- und Deckenbalken eingezogen wurden. Die Bauherren sprachen auch davon, die Querbalken für die einzelnen Stockwerke »einzuschießen«. Die zweite Erklärung leitet sich von dem mittelhochdeutschen Wort »schiezen« ab. Es bedeutet sowohl »mit einer Waffe schießen« als auch »in die

Höhe schießen«. Und da Häuser mit mehreren Etagen offensichtlich in die Höhe geschossen sind, heißen die Etagen auch Geschosse.

Warum feiern wir bis in die Puppen?

Weil den Teddy Elvis Presley hat!

Die Redewendung »bis in die Puppen feiern« stammt aus Berlin. Im 18. Jahrhundert gab es mitten im Tiergarten einen Platz, auf dem Statuen aus der antiken Mythologie standen. Diese Statuen wurden im Volksmund auch Puppen genannt. Und da der Weg vom Stadtzentrum bis zu den Puppen ein sehr weiter war, dauert der Spaziergang bis dorthin entsprechend lange. Deshalb sagen wir noch heute bei ausgedehnten Aktivitäten, das hat bis in die Puppen gedauert.

Warum ist Schnee weiß?

Weil Frau Holle farbenblind ist!

Schnee besteht nicht nur aus gefrorenem Wasser, sondern auch aus Luft. In den Eiskristallen sind nämlich viele kleine Luftbläschen eingeschlossen. Sie wirken wie geschliffene Prismen. Fallen nun Lichtstrahlen auf die Prismen, wird das gesamte Lichtspektrum, also alle Wellenlängen des Lichts reflektiert. Genau das nimmt das menschliche Auge als weiß wahr. Dass die Luftbläschen für die weiße Farbe verantwortlich sind, kann man zum Beispiel bei Eiszapfen beobachten: Sie entstehen langsam, indem Wassertropfen nach unten gleiten und gefrieren. Dabei wird keine Luft eingeschlossen. Eiszapfen erscheinen uns als klar und durchsichtig.

Woher hat das Handy seinen Namen?

Der Begriff »Handy« hat sich in Deutschland Anfang der 90er Jahre eingebürgert. Woher diese Bezeichnung ursprünglich kommt, ist nicht sicher geklärt.  Aus dem Englischen stammt sie zumindest nicht, denn dort werden tragbare Telefone meist »mobile« genannt, trotzdem gibt es im englischsprachigen Raum das Wort »handy«. Es wird als Adjektiv verwendet und bedeutet: handlich, bequem, praktisch – Eigenschaften, die ein Funktelefon hat. Demnach wäre die Bezeichnung Handy ein Scheinanglizismus. Einige Experten führen den Namen auf ein mobiles Funkgerät aus den 40er Jahren zurück.

Die Hersteller nannten das Gerät »Handie-Talkie«, weil es viel handlicher war als die Vorgängermodelle und Handy klingt ja auch besser als »tragbare Telefonzelle«.

Wer packt seine Siebensachen?

HÖRERSPASS AM TELEFON
Klitschkos Gegner im Ring!

Wir packen unsere Siebensachen, weil wir nur so komplett ausgerüstet sind. Vorbild dafür sind die alten Ritter. Ihr Rundumschutz bestand aus diesen Teilen: Helm, Kragen, Brustpanzer und je zwei Stücke für Arme und Beine. Macht zusammen sieben. So eisern eingekleidet trotzten die alten Rittersleut jeder Gefahr. Und wir folgen ihnen, zumindest sprichwörtlich, auch heute noch.

Warum halten wir um die Hand an?

Die Verlobung war früher fast wichtiger als die eigentliche Hochzeit. Sie war der Beginn wichtiger Vertragsverhandlungen, alle finanziellen und rechtlichen Absprachen wurden unter Zeugen geregelt. Kam eine Einigung zustande, wurde sie zwischen dem Vater der Braut und dem Bräutigam besiegelt, und zwar mit einem Handschlag. Der Bräutigam hatte also bei seinem Werben um die Braut nur ein Ziel, den besiegelnden Handschlag des Brautvaters, er hielt mit anderen Worten um die Hand an.

Wieso bekommen wir einen Korb?

HÖRERSPASS AM TELEFON
Weil wir uns die Taschen schon vollhauen!

Die Redewendung »einen Korb bekommen« ist schon sehr alt. Im Mittelalter waren die Freier sehr einfallsreich, um zu ihrer Angebeteten zu kommen. So war es üblich, dass ein Liebhaber in einem Korb zum Fenster der Geliebten gezogen wurde. War er jedoch unerwünscht, wurde ihm ein Korb mit einem lockeren Boden heruntergelassen. Und dann geschah, was geschehen musste, der Korb zerbrach unter dem Gewicht und der Liebhaber fiel auf den Boden zurück. Er war durchgefallen und war auch bei der Bevölkerung unten durch.

Weshalb heißen Schattenrisse auch Silhouetten?

Dass wir den Schattenriss auch Silhouette nennen, verdanken wir dem Finanzminister Ludwig XV. Sein Name: Etienne de Silhouette. Er soll nicht nur die Bevölkerung nach allen Regeln der Kunst für seinen Herrscher ausgenommen haben, sondern auch sich gegenüber sehr geizig gewesen sein. Sein Schloss schmückte er anstelle von kostbaren Gemälden und Möbeln mit billigen schwarz-weißen Schattenrissen. Das einfache Volk machte sich gern darüber lustig und nannte die Scherenschnitte stellvertretend für alles Billige bald »à la silhouette«.

Woher kommt die Geldschneiderei?

HÖRERSPASS AM TELEFON
Fragen Sie an der Tankstelle!

Geldschneiderei war im Mittelalter ein einträgliches Geschäft und zwar für die Münzer und Ganoven. Die Münzer verbrachten den Tag nämlich damit, aus Silber- oder Goldblechen die begehrten Münzen zurechtzuschneiden. Sie hatten es also in der Hand, die Schnitte so großzügig zu setzen, dass einige Gold- und Silberstücke in die eigene Tasche wandern konnten. Waren die nun schon zu kleinen Münzen im Umlauf, kamen die Ganoven zum Zug. Auch sie schnitten wieder ein Stückchen von den Münzen ab ... Um diese Geldschneiderei zu verhindern, wurden die Münzen mit der Zeit immer weniger edel, dafür aber härter, sodass sich einige Ganoven an ihnen die Zähne ausbeißen konnten.

Warum laufen Meereswellen immer Richtung Strand?

Vom Wind angetrieben drehen sich Wellen wie ein Riesenrad durchs Meer. Gelangt eine Welle nun in Ufernähe, wird das Wasser immer flacher und der untere Teil der Welle berührt den Meeresboden. Jetzt wird sie von unten regelrecht ausgebremst, sie »stolpert« über sich selbst. Der Meeresboden wirkt wie der »Bremsfuß beim Schlittenfahren« und lenkt die Welle so lange um, bis sie senkrecht auf den Strand zuläuft. Der Meeresboden zwingt also die Welle zum Strand.

Warum raspeln wir Süßholz?

HÖRERSPASS AM TELEFON
Weil das Sauerholz nur lustig macht!

Süße Sachen waren früher Luxus. Und deshalb galt: Wer seine Holde erfolgreich bezirzen wollte, musste ihr diesen Luxus bieten. Nicht jeder hatte aber genügend Geld für Zucker. Also wich der arme Mann auf die Wurzel des Süßholzes aus. Die erfüllte geschmacklich den gleichen Zweck, musste aber erst einmal portionstauglich geraspelt werden. Das hat sich bis heute in der Redensart erhalten:
Übrigens: Aus dem Süßholz wird auch jetzt noch eine beliebte Leckerei hergestellt: die Lakritze.

Warum braucht man in der Nähe von Kirchen keinen Kompass?

In der Nähe von Kirchen brauchen wir keinen Kompass, weil die meisten Kirchen so gebaut sind, dass das Kirchenschiff mit dem Altar an der Spitze nach Osten ausgerichtet ist. Warum? In der christlichen Lehre hat diese Himmelsrichtung eine besondere Bedeutung, denn im Osten geht die Sonne auf und der Sonnenaufgang steht für die Auferstehung Jesu.
Nach der Überlieferung sollen die Frauen, die am Ostersonntag zuerst an seinem leeren Grab standen, ihre Blicke nach Osten gerichtet haben, weil sie glaubten, dass Jesus von dort wieder auf die Erde zurückkommt. Deshalb sind die meisten Kirchen nach Osten ausgerichtet.

Weshalb fallen die Wolken nicht vom Himmel?

Weil die Verliebten sie festhalten!

Wolken bilden sich so: Auf der Erde verdunstet Wasser und steigt als Wasserdampf zum Himmel auf. Auf dem Weg nach oben wird es immer kühler und es entstehen kleine Tröpfchen. Daraus bilden sich die Wolken. Weil die Wolkentropfen aber viel kleiner als die Regentropfen sind, sehen sie aus, als ob sie schweben. Aber das stimmt nicht, denn sie sinken ganz langsam. Wenn sich nun sehr viele Wolkentropfen zusammengeballt haben, beginnt es zu regnen.

Macht Bierschaum schon allein betrunken?

Beim Oktoberfest, ja!

Läuft das Bier ins Glas hinein, steigen Gasbläschen aus Luft und Kohlensäure auf. Daran lagern sich Eiweiß, Hopfenbitterstoffe und Zuckermoleküle an. So bildet sich eine stabile, elastische Hülle – die Schaumkrone. Fette, Aminosäuren und eben Alkohol gehören aber zu den sogenannten schaumnegativen Substanzen. Das heißt, sie sind im Schaum viel weniger vertreten als in der Flüssigkeit. Übrigens: Wenn Sie Bierschaum verflüssigen, brauchen Sie etwa drei Liter für einen Schwips.

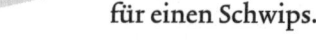

Warum ist der Teppich rot, über den die Stars laufen?

HÖRERSPASS AM TELEFON
Weil Gelb schon vom Neid besetzt ist!

Rot ist nicht nur die Farbe des Lebens, der Leidenschaft und der Liebe, Rot steht auch für Ehre, Würde, Macht und Herrschaft. Diese Symbolik hat sich die Farbe teuer erkauft, denn sie war lange Zeit die teuerste Farbe der Welt. Bereits in der Antike und später auch im Mittelalter wurde der echte Purpurfarbstoff aus dem Sekret der Purpurschnecken gewonnen. Der aufwendig gewonnene Purpurfarbstoff war für das gemeine Volk unerschwinglich und so blieb er nur den Mächtigen vorbehalten.
Wenn ein Herrscher einen Krieg verloren hatte, breitete er vor dem Sieger – als Zeichen seiner Unterwürfigkeit – seinen roten Mantel aus. Aus dem roten Mantel wurde später der rote Teppich, über den die Reichen, Schönen und Mächtigen schreiten dürfen – im Schneckentempo.

Warum klappern wir etwas ab?

Das »Abklappern« kommt nicht etwa von dem Geräusch, das hochhackige Schuhe bei einem ausgedehnten Einkaufsbummel machen, sondern es kommt aus der Jägersprache. Die Jäger haben sich nämlich eine raffinierte Methode ausgedacht, um das Wild aus dem Unterholz zu jagen. Früher haben bei großen Treibjagden Jagdhelfer das Wild aufgescheucht, indem sie mit Holzklappern richtig Krach machten. Das aufgeschreckte Wild verließ sofort das Versteck und flüchtete in die freie Schussbahn der Jäger. Jetzt war es ein Kinderspiel, es zu erlegen. Die Jagdhelfer haben mit ihren Holzklappern also den Wald nach der Beute abgesucht oder eben abgeklappert.

Warum verfranzen wir uns oft?

Weil Dieter immer weiß, wo es langgeht!

Verfranzen hat nichts mit den Fransen am Teppich zu tun. Die Redensart kommt aus der Luftfahrt. Früher nannte der Volksmund die Besatzung in deutschen Flugzeugen Fritzen, den Piloten Emil und den Navigator Franz. Wenn nun eine Maschine vom Kurs abgekommen war, dann hatte sie sich also verfranzt.

Wieso ziehen wir die Arschkarte?

Weil es immer ein erstes Mal gibt!

Ob die Redewendung »die Arschkarte ziehen« tatsächlich aus der Welt des Fußballs kommt, ist nicht sicher geklärt. Dennoch, am weitesten verbreitet ist die Annahme, dass die »Arschkarte« von der »Roten Karte« beim Fußball abgeleitet wurde. Angeblich sollen die Schiedsrichter die gelben Karten immer in der Brusttasche und die roten Karten in der Gesäßtasche aufbewahrt haben. Das soll sinnvoll gewesen sein, um die Karten nicht zu verwechseln, für den Schiri und auch für die Fernsehzuschauer, vor allem zu Zeiten des Schwarz-

Weiß-Fernsehens. Gegen diese Erklärung sprechen mindestens drei Gründe: Die rote Karte gibt es erst seit der WM 1970, die Redewendung, »die Arschkarte ziehen« dagegen schon länger. Für Schiedsrichter gab und gibt es keine offizielle Regelung, wo sie ihre Karten aufzubewahren haben und nicht alle Schiedsrichterhosen haben Taschen.

Warum müssen wir eine Schlappe einstecken?

HÖRERSPASS AM TELEFON
Weil alle Latschen auf Mallorca sind!

Die »Schlappe« stecken wir seit dem späten Mittelalter ein. Im Frühneuhochdeutschen bedeutete das Wort »Schlappe« so viel wie Ohrfeige oder Klaps. Wie kam es überhaupt zu dem Wort? Wenn jemand eine Ohrfeige bekommt, macht das ein Geräusch und das klingt eben wie »schlapp«. Da sich eine Niederlage wie eine Ohrfeige anfühlt, müssen wir also »eine Schlappe einstecken«.

Warum handeln wir mit Zitronen?

Für die Redewendung »mit Zitronen gehandelt haben« gibt es zwei Erklärungen: Wenn man eine Zitrone isst, dann verzieht man wegen des sauren Geschmacks das Gesicht, genau wie bei einem Misserfolg. Die zweite Erklärung geht auf die Sitte zurück, dass man früher den

Leichenträgern Zitronen mitgegeben hat, damit sie den üblen Geruch der Leichen besser ertragen konnten. Da Zitronen sehr wertvolle Früchte waren, versuchten die Leichenträger, sie nach getaner Arbeit zu verkaufen. Doch kaum jemand wollte von Totengräbern Lebensmittel haben. Das Geschäft ging also meist schief. Und wir bezeichnen heute so ein Pech sinnbildlich als Zitronenhandel.

Wie ist der ideale Mittagsschlaf?

30 Minuten Mittagsschlaf. Das ist perfekt. Am besten zwischen 13.00 Uhr und 14.00 Uhr, denn da entstehen die meisten Fehler. Machen wir ein Nickerchen, bauen wir Stresshormone ab und wir schützen damit unser Herz. Jalousien runter, Türen schließen, Telefon rausziehen und bequeme Position einnehmen, dann klappt es am besten mit der kleinen Auszeit.

Übrigens: Eine Tasse Kaffee vor dem Mittagsschlaf sorgt dafür, dass man danach wieder sofort in die Gänge kommt. Denn: die anregenden Bohnen wirken erst nach 30 Minuten, also genau dann, wenn es wieder weitergeht.

Warum macht das Lagerfeuer Knackgeräusche?

Damit es bei Verliebten noch mehr knistert!

Wenn wir ein Holzfeuer mit Ästen, Zweigen und Spänen machen, dann entsteht natürlich große Hitze. Und die sorgt dafür, dass die Struktur des Holzes zerfällt und sich kleine Gasbläschen bilden. Aber auch die halten sich nicht lange und zerplatzen. Dabei wird das Gas frei und reagiert mit dem Sauerstoff in der Luft. Die Folge sind viele Mini-Explosionenen. Es beginnt zu prasseln.

Wieso gehören elf Spieler zu einer Fußballmannschaft?

Weil ein »Elferrat« besser ist als »Dutzendware«!

Diese Frage lösen wir im Schlaf. 1848 verfassten nämlich Studenten der Universität Cambridge die ersten Fußballregeln. Danach bestand eine Mannschaft aus 15 bis 20 Spielern. Das war aber wiederum zu viel für die Schlafsäle der Elite-Universitäten Englands. Da standen nämlich nur 11 Betten. Also wurde die Zahl der Spieler einfach angepasst.

Warum können Fußballfelder
unterschiedlich groß sein?

HÖRERSPASS AM TELEFON
Das weiß nur der Kaiser!

Fußball wurde schon immer und überall gespielt, die ältesten Zeugnisse stammen aus dem 3. Jahrtausend vor Christus aus China. Der moderne Fußball entstand in England Mitte des 19. Jahrhunderts. Damals gab es noch keine einheitlichen Vorgaben für die Größe der Fußballfelder. Um Fußball jedoch professionell und auf internationaler Ebene spielen zu können, mussten einheitliche Regeln her. Das war bei der Größe der Felder nicht so leicht, denn nicht überall auf der Welt gibt es freie Flächen für einheitlich große Fußballfelder. Und so legte der englische Fußballverband einen Toleranzbereich fest: Bei den Profis darf auf internationaler Ebene ein Spielfeld zwischen 100 und 110 Metern lang und zwischen 64 und 75 Metern breit sein. In Deutschland ist bei nationalen Spielen dieser Toleranzbereich etwas großzügiger festgelegt worden. Der DFB schreibt vor, dass ein Feld 90 bis 120 Meter lang und 45 bis 90 Meter breit sein darf. Theoretisch kann ein Fußballfeld also auch quadratisch sein.

Woher kommen die Rosen
am Rosenmontag?

Für den Namen Rosenmontag gibt es zwei Erklärungen: Die erste geht auf das mittelhochdeutsche Wort »rosen« zurück. Es bedeutet so viel wie »rasen« oder »toben«. Übersetzt handelt es sich also um den wilden, tollen Montag aus dem Mittelalter - »Rosen« hat bei dieser Erklärung also nichts mit den Blumen zu tun. Bei der zweiten Erklärung spielt die Blume tatsächlich eine Rolle: Seit dem 11. Jahrhundert weihte der Papst am vierten Sonntag nach Karneval eine goldene Rose, um sie einem Menschen mit besonderen Verdiensten zu überreichen. Am Tag nach Rosensonntag traf sich jedes Jahr ein Komitee, um über die Karnevalsordnung zu beraten. Deshalb wurde es auch »Rosenmontagsgesellschaft« genannt.

Wer streut die Asche am Aschermittwoch?

HÖRERSPASS AM TELEFON
Alle Kettenraucher!

Der Name Aschermittwoch kommt von dem Ritual, mit der geweihten Asche von Palmzweigen Kreuze auf die Stirn der Gläubigen zu zeichnen. Aschenkreuze sind in der katholischen Kirche ein Zeichen der Buße. Der Mensch soll an seine Vergänglichkeit erinnert werden. Beim Zeichnen des Kreuzes spricht der Priester die Worte: »Gedenke Mensch, dass du aus Staub bist, und zum Staub wirst du zurückkehren«. Übrigens kommt die Bezeichnung Karneval von dem Lateinischen »carne vale«. Und das bedeutet »Fleisch, lebe wohl.«

➽ HÖRERANTWORT »*Von der Rosenbowle!*«

5. KAPITEL

Haushalt für Anfänger!

In diesem Kapitel geht es in der kleinen Wissensmahlzeit um sprichwörtliche und ganz reale Fragen
zu Küche, Bad und Keller!

Warum sind Fettaugen rund?

HÖRERSPASS AM TELEFON
Damit sie auf der Suppe besser tanzen können!

Fettmoleküle kommen sich sozusagen als was Besseres vor, eine exklusive Gesellschaft, die unter sich bleiben will. Und das schaffen sie bei allen wässrigen Lösungen ganz locker. Denn: Fettmoleküle haben eine größere Dichte als zum Beispiel Wasser. Und grenzen sich deshalb dagegen ab. Das geschieht in einer Kugel. So wie sich der Igel zusammenrollt oder die Siedler eine Wagenburg bauen, wenn sie angegriffen werden. Trotzdem, Fettmoleküle sind nicht unschlagbar. Mit Reinigungsbenzin zum Beispiel lassen sie sich mischen.

Wieso sprechen wir einen Toast aus?

Toast kommt ja aus dem Englischen und »to toast« wird mit »Rösten« übersetzt. Die englischen Lords des 19. Jahrhunderts haben geröstetes Brot nicht nur in den Wein getunkt, damit es besser schmeckt, sondern sie haben mit dem Tunken des Brotes ein Zeichen für den nächsten Trinkspruch gegeben. So wie wir heute an ein Glas klopfen, um deutlich zu machen, dass wir gleich reden wollen, haben also die feinen englischen Herren eben Toasts in den Wein getaucht.

Warum ist Hausstaub fast immer grau?

Normalerweise enthält Hausstaub vor allem menschliche Haut, die eingetrocknet ist. Deren Farbe ist ein durchsichtiges Grau. Auch deshalb, weil die Blutgefäße und Pigmente nicht mit abgestoßen werden, wenn die Haut sich ausdehnt und wächst. Trotzdem: Wenn wir aus dem Urlaub zurückkommen ist die Wohnung staubig, obwohl wir vorher sauber gemacht haben. Warum ist das so? Einige Hautzellen schweben immer in der Luft und setzen sich nur langsam ab. Der Hausstaub hat also eine Eigenschaft, die man sich vom Ehemann gern wünscht: Er bleibt uns immer treu.

Warum sprudelt kochendes Wasser?

Weil es sehen will, welcher Chaot den Topf nicht von der Flamme nimmt!

Wenn ich einen Topf mit Wasser auf den Herd stelle, dann wird am Topfboden zuerst die Siedetemperatur von 100 Grad erreicht. Das Wasser geht jetzt in den gasförmigen Zustand über und sprudelt sich an die Oberfläche. Übrigens: Abhängig vom atmosphärischen Druck liegt der Siedepunkt auf hohen Bergen niedriger. Auf dem Mount Everest fängt das Wasser zum Beispiel bei ca. 85 Grad Celsius an zu blubbern.

Warum wird der Radioempfang besser, wenn man die Antenne anfasst?

Wenn wir mit dem Kofferradio auf Tour sind, dann braucht es manchmal unsere Unterstützung für einen guten Empfang. Nämlich dann, wenn seine Antenne zu kurz ist, um alle ausgestrahlten Rundfunkwellen einzufangen. Wenn wir nun der Antenne unsere Hand reichen, dann machen wir sie größer. Wir wirken sozusagen als Medium und hören plötzlich unseren Lieblingssender klar und deutlich.

Woher kommen die Kartoffelchips?

HÖRERSPASS AM TELEFON
Aus der Friteuse!

Die Kartoffelchips sollen Mitte des 19. Jahrhunderts in New York erfunden worden sein. Folgende Geschichte wird sehr gern erzählt: In einem Hotel beschwerte sich ein sehr reicher Gast immer wieder über seine Bratkartoffeln. Die Kartoffelscheiben waren ihm zu dick, zu feucht und nicht ausreichend gesalzen. Das ließ sich der Küchenchef George Crum so lange gefallen, bis er eines Tages schlechte Laune hatte. Anstatt sich bei dem Gast zu entschuldigen, wollte er ihn richtig ärgern: Er nahm die Bratkartoffeln wieder mit in die Küche, schnitt sie in papierdünne Scheiben, frittierte sie in Öl bis sie dunkelbraun waren, kippte noch eine Extraportion Salz darüber und servierte die gewagte Kreation dem genervten Gast. Der war aber wider Erwarten von den frittierten, versalzenen Kartoffelscheiben so angetan, dass die Kartoffelchips bald in aller Munde waren.

Wieso fallen wir mit der Tür ins Haus?

HÖRERSPASS AM TELEFON
Weil der Schlüsseldienst zu teuer ist!

Die Redensart »mit der Tür ins Haus fallen« gibt es schon seit über 3000 Jahren. Sie entstand der Legende nach im alten Babylon. Weil dort Holz sehr knapp war, musste beim Mieten eines Hauses die hölzerne Haustür selbst geliefert werden. Wichtig war das vor allem für den zukünftigen Bräutigam. Hielt er um die Hand seiner Liebsten an, zeigte er seine ernsten Absichten dadurch, dass er für das gemeinsame Haus die Tür mitbrachte. Er fiel also bei den Eltern der Braut mit der Tür ins Haus.

Weshalb wird Sahne steif beim Schlagen?

In der flüssigen Sahne halten Fettkügelchen und Eiweißmoleküle eng zusammen. Greifen wir jetzt zum Beispiel zum Schneebesen, wird die Eiweißhülle beschädigt, Luft eingeschlagen und die Fettkügelchen verklumpen miteinander. Luftblasen und Fettkügelchen verbinden sich also und werden in der Sahne stabilisiert. Aus der Flüssigkeit wird Schlag für Schlag steife Sahne.

Aber Vorsicht: Bei Gewitter oder wenn wir die Sahne zu lange schlagen, machen die Eiweißmoleküle als Stabilisator oft schlapp. Das Fett verabschiedet sich vom Wasser und die Sahne wird zu Butter.

Wieso fließt Badewasser meist entgegen dem Uhrzeigersinn ab?

Da nicht das gesamte Badewasser auf einmal abfließen kann, muss es vor dem Abfluss Ehrenrunden drehen, also einen Strudel bilden. In der Mitte des Strudels wird ein Loch frei gelassen, durch das die Luft aus den Rohren aufsteigen kann, sonst könnte – wie bei verstopften Rohren – das Wasser nicht abfließen. Das Wasser ist also in Bewegung und die braucht eine Richtung. Dass das Wasser meist entgegen dem Uhrzeigersinn abfließt, hat mit der Richtung der Erdumdrehung zu tun, mit dem sogenannten Coriolis-Effekt. Der besagt, dass eine sich über eine rotierende Kugeloberfläche – wie zum Beispiel die Erde – bewegende Flüssigkeit von ihrem Weg abgelenkt wird.

Warum kühle ich heißen Kaffee ab, wenn ich puste?

Wenn man über den Kaffee pustet, kühlt er nicht nur schneller ab, weil die darübergeblasene Luft kühler ist als der Kaffee, sondern vor allem weil er schneller verdampft: Wassermoleküle sind nämlich mit unterschiedlichen Geschwindigkeiten unterwegs, die kühleren trödeln vor sich hin und die heißen schießen durch die Gegend. Kommen nun die heißen schnellen Moleküle in die Nähe der Kaffeeoberfläche, fliegen sie mit viel größerer Wahrscheinlichkeit in die Luft hinaus als die lahmen kühlen Moleküle. Beim Pusten werden die hinaus geschleuderten heißen Moleküle einfach weggeblasen, es wird Platz gemacht für neue. Die heißen Moleküle werden also einfach schneller abtransportiert und der Kaffe verdampft schneller.

Wieso haftet Klebstoff innen nicht in der Tube fest?

Klebstoff braucht Feuchtigkeit, um zu haften. In der Tube herrscht in dieser Beziehung Fehlanzeige. Sobald wir den Kleber aber rausdrücken, verbindet er sich mit der Luftfeuchtigkeit und entfaltet seine Eigenschaften. Allerdings oft auch zu unserem Ärger. Denn: Klebstoff haftet besonders gut an unseren Fingern, weil die Haut feucht und warm ist. Und wie kriege ich ihn am besten wieder ab? Schwierig, schwierig! Wasser hilft nicht. Also am besten die Rolltechnik anwenden, die viele Autofahrer für die »Nasenreinigung« bei Rot an der Ampel praktizieren. Das heißt, den Restklebstoff so lange zwischen den Fingern rollen, bis kleine Kügelchen entstehen und die dann unbemerkt verschwinden lassen.

Warum treffen wir den Nagel auf den Kopf?

Die Redensart »den Nagel auf den Kopf treffen« hat nichts mit dem Hammer zu tun. Sie kommt aus der Schützensprache beim Preisschießen mit der Armbrust. Nagel oder Zwecke bezeichnet den Mittelpunkt der Schießscheibe. Und genau dieser Nagel musste auf den Kopf getroffen werden. Verfehlte der Schütze die Scheibe, so hatte er einen Bock geschossen.

Warum verdreht der Spiegel links und rechts, aber nicht oben und unten?

Weil links da ist, wo der Daumen rechts ist, und rechts da ist, wo der Daumen links ist. Oben und unten haben aber keine Daumen.

Ein Spiegel verdreht gar nicht links und rechts, er reflektiert nur das einfallende Licht, dreht also die Richtung des Lichts um. Wenn wir in den Spiegel gucken, gucken wir gleichzeitig von uns weg und auf uns zu. Da wir gelernt haben, dass wir einen Menschen, der vor uns steht, seitenvertauscht sehen, sehen wir unser Spiegelbild auch seitenvertauscht. Oben und unten bleiben dort, wo sie sind.
Der Spiegel vertauscht also nur »von uns weg« und »auf uns zu« und das Verdrehen von links und rechts passiert in unserem Kopf.

Wann bringen wir etwas aufs Tapet?

Das Wort »Tapet« kommt zwar aus dem Französischen, hat aber griechische Wurzeln. »Tapetum« bedeutete ursprünglich Teppich, später dann auch Tischdecke. Darauf geht auch die Redensart »etwas aufs Tapet bringen« zurück. Im 17. Jahrhundert wurden in Frankreich als Tapet jene grünen Tischdecken bezeichnet, auf denen zur

Klärung einer Sache Akten ausgelegt wurden. Das schwierige Tapet hat allerdings im Volksmund starke Konkurrenz. So bringen wir eine Angelegenheit auch gern aufs Trapez oder aufs Tablett.

Wie machen wir die Nagelprobe?

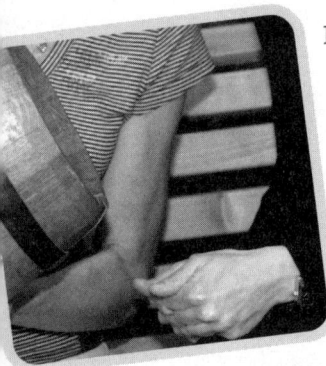

Die Nagelprobe wird erstmals 1608 in einer Trinkordnung des sächsischen Kurfürsten Christian II. erwähnt. Man trank auf das Wohl des anderen und musste beweisen, dass der Becher auch tatsächlich völlig geleert wurde. Dazu kippte man ihn über dem Daumen der linken Hand aus. Wenn kein Tropfen herausfiel, war die Nagelprobe bestanden.

Warum ändern sich Farben beim Bügeln?

Wenn Kleidungsstücke frisch gewaschen sind, dann ist die Oberfläche aufgeflauscht. Vor allem bei älteren oder stark strapazierten Lieblingsklamotten fällt das auf. Die Fasern stehen ab und sind ungeordnet. Dadurch können sie Licht aus ganz verschiedenen Richtungen einfangen und zurückwerfen. Das Gewebe wirkt heller. Beim Bügeln werden jedoch die Fasern meist in eine Richtung geplättet. Das Licht bleibt »hängen«, wird also weniger gestreut und besonders Farben wie Rot, Grün und Blau sehen dunkler aus.

Warum hilft Salz bei Rotweinflecken?

Salz macht den Rotweinfleck nicht weg, sondern für das menschliche Auge nur fast unsichtbar. Der Salz-Trick spielt sich in zwei Phasen ab: Zuerst saugt das Salz die Feuchtigkeit des Rotweins auf. Und dann findet ein chemischer Prozess statt: Im Kochsalz ist Calciumcarbonat also Kalk enthalten. Der Kalk reagiert mit dem Rotwein und färbt ihn gelblich, für das menschliche Auge fast unsichtbar. Übrigens wird der Kalk dem Speisesalz extra zugefügt, damit es nicht verklumpt und streufähig bleibt. Mit unbehandeltem Salz würden wir also bei einem Rotweinfleck nicht weit kommen.

Wieso ist die Leberwurst beleidigt?

HÖRERSPASS AM TELEFON
Weil sie immer bis zum Schluss liegen bleibt!

Die beleidigte Leberwurst wurde schon im Mittelalter gespielt. Damals gingen die Gelehrten davon aus, dass sich in der Leber das Zentrum der Gefühle befindet. Damit ist erklärt, warum ein Mensch, der sich ärgert, eine beleidigte Leber hat. Aber wo kommt nun die Wurst her? Ganz einfach: Sie stammt aus einer Erzählung, in der eine Leberwurst in einem Kessel vor Wut platzt, weil vor ihr alle anderen Würste aus dem kochenden Wasser genommen worden waren und sie nun allein war. Die Leber als Organ, in dem Gefühle gebildet werden, und die Geschichte von der beleidigten Wurst haben sich also zur Wendung der beleidigten Leberwurst vereint.

Warum schieben wir Kohldampf?

HÖRERSPASS AM TELEFON
Weil nichts anderes zu essen da ist!

Die Redewendung »Kohldampf schieben« hat mit dem Gemüse gar nichts zu tun, sie stammt aus dem Rotwelschen. Rotwelsch ist eine Sprache, die früher unter Landstreichern und Gaunern gesprochen wurde. Das Wort »Kohldampf« entstand aus den Wörtern »Kohler« und »Dampf«, sie bedeuten beide Hunger. Auch das Verb »schieben« wurde aus der Gaunersprache abgeleitet und zwar von dem Wort »schefften«, das bedeutete so viel wie »machen« oder »sein«. Wörtlich übersetzt heißt also »Kohler Dampf schefften« »Ich habe Hunger«!

Wer ist Schmalhans Küchenmeister?

HÖRERSPASS AM TELEFON
Der Diätkoch von Reiner Calmund!

Schmalhans kann für Armut, Geiz und Ungastlichkeit stehen. Erstmals belegt ist die Redensart im 17. Jahrhundert. Aussehen des Kochs und Qualität der Speisen brachte man dabei in direkten Zusammenhang. War der Küchenmeister wohlgenährt, ließ dies eine üppige Mahlzeit erwarten. Arbeitete dagegen ein schmaler Hans in der Küche, fielen die Portionen klein aus. Hans war zu jener Zeit der häufigste Vorname. Das Vorbild für den »Schmalhans« als Gesamtnamen und geschichtlich nur wenig älter ist übrigens ein anderer Hans, der Prahlhans.

Wer schreibt die Milchmädchenrechnung?

Wer eine Milchmädchenrechnung schreibt, der macht sich selbst oder anderen etwas vor. Der Selbstbetrug hat seine Wurzeln in einer Fabel des französischen Schriftstellers La Fontaine. Darin trägt die Milchfrau Perette Milch in die Stadt und träumt schon vorher von den zu erwartenden Einnahmen. Vor Freude hüpft sie herum und verschüttet dabei die Milch. Es wird nichts aus ihren Plänen. Und auch diese Geschichte ist überliefert: Wenn den Milchverkäuferinnen auf dem Markt die Milch auszugehen drohte, dann wurde sie einfach mit Wasser gestreckt. Trotzdem wurde derselbe Preis veranschlagt. Der Betrug offenbarte sich meist erst später und steckt auch heute noch in der Milchmädchenrechnung.

Wie kann ich von außen feststellen, ob ein Ei roh oder gekocht ist?

HÖRERSPASS AM TELEFON
Liegen lassen und riechen, welches Ei zuerst stinkt!

Liegen zwei Eier vor einem auf dem Tisch, braucht man schon den »Röntgenblick«, um das gekochte oder rohe herauszufinden. Aber jetzt setzen wir die beiden in Bewegung und dieser Dreh bringt uns weiter. Das gekochte Ei wird sehr schnell rotieren, das rohe eher langsam. Jetzt stoppen wir die Eier und notieren: Das gekochte Ei bleibt ruhig liegen. Das rohe setzt sich kurz wieder in Bewegung. Die

Ursache dafür liegt in der Trägheit. Das rohe Ei verlangsamt zunächst die Drehung, dreht sich nach dem Abstoppen aber noch ein wenig weiter, weil es innen flüssig ist.

Warum trocknen Plasteteller in der Spülmaschine schlechter als Porzellan?

Unser Plasteteller ist als Kunststoffgegenstand meistens wasserabstoßend. Auf seiner Oberfläche zieht sich also das Wasser zum Tropfen zusammen. Das wiederum gefällt den Wassermolekülen, es macht sie stark. Sie sind nämlich im Tropfen untereinander fester verbunden als bei einer ebenen Wasseroberfläche, wie sie sich zum Beispiel auf Porzellan bildet. Daraus ergibt sich: Damit der Tropfen auf dem Plasteteller verdampft, brauchen wir höhere Temperaturen als für die glatte Wasseroberfläche auf der Porzellantasse. Deshalb trocknet Kunstoff in der Spülmaschine schlechter als Porzellan.

Warum ist alles in Butter?

HÖRERSPASS AM TELEFON
Weil »alles in Margarine« keine Lobby hat!

Die Redensart kommt aus dem Mittalter. Schon damals waren italienische Gläser in Deutschland sehr beliebt. Die mussten aber über die Alpen gebracht werden. Leider gingen dabei viele zu Bruch. Ein pfiffiger Händler hatte die Erleuchtung: Er legte die Gläser in ein Fass und verteilte darüber heiße, flüssige Butter. Als die dann fest geworden war, konnten auch die Gläser nicht mehr verrutschen. Selbst wenn die Fässer vom Pferdefuhrwerk stürzten, die Gläser blieben ganz. Und seitdem ist alles in Butter.

Warum geben wir unseren Senf dazu?

Die Redewendung kommt aus dem 17. Jahrhundert. Senf war damals ein wertvolles Gewürz. Wenn nun im Gasthaus zu einer Mahlzeit Senf serviert wurde, dann wirkte das Essen kostbarer. Das brachte viele Wirte auf die Idee, jedes Menü mit Senf zu würzen. Ob es nun so bestellt war oder nicht. Und so geben wir auch heute noch gern unseren Senf dazu, ob es passt oder nicht.

Warum wird weiße Wäsche mit der Zeit grau?

Schuld an dem Grauschleier auf ursprünglich weißer Wäsche ist nicht Schmutz, sondern Kalk. Je öfter also weiße Sachen mit Wasser in Berührung kommen, desto schneller werden sie grau. Das passiert beim Trocknen: Wenn das Wasser verdampft, setzt sich nämlich nach und nach der Kalk im Gewebe ab. In Gegenden mit besonders kalkhaltigem Wasser ist es also besonders schwer, seine Weste weißzuwaschen. Gegen den Grauschleier hilft richtig dosiertes Waschmittel oder Wasserenthärter.

Warum ist alles kalter Kaffee?

Die Redensart stammt aus dem 17. Jahrhundert. Damals gab es nur grüne Kaffeebohnen zu kaufen. Man musste sie also selbst rösten. Viele Bohnen verbrannten dabei. Einige blieben grün. Weil damit aber kein aromatischer heißer Kaffee mehr aufgebrüht werden konnte, nannte man die nutzlosen Bohnen einfach »kalter Kaffee«.

Warum sagen wir etwas durch die Blume?

HÖRERSPASSB AM TELEFON

Blumen nimmt man für Geständnisse.
Durch die Blume riecht man nicht, wie sehr
man dabei schwitzt!

Der Ursprung dieser Redensart hat mit der Blumensprache gar nichts zu tun. Die Römer umschrieben bereits im Altertum meisterlich und sehr wortreich unangenehme Dinge. Und sie hatten diesen Begriff dafür: Floscolus: übersetzt: Blümchen. Im 17. Jahrhundert wurde dann in Deutschland die Floskel daraus. Nun wollte oder konnte aber nicht jeder sehr wortgewandt auftreten. In solchen Fällen griff man dann tatsächlich zur Blume. Und so sagt die Rose auch heute noch: Ich liebe dich.

Warum heben wir die Tafel auf?

HÖRERSPASS AM TELEFON
Weil die Kreide dahintergefallen ist!

Im Mittelalter waren Tische, wie wir sie kennen, weithin unbekannt. Der Tisch bestand aus einem Gestell und tafelähnlichen Brettern. Die wurden, schon fix und fertig eingedeckt, in den Saal getragen und auf das Gestell gelegt. War das Mahl beendet, hob man, auf ein Zeichen des Gastgebers hin, die Tafel mit den Speiseresten hoch, und brachte sie weg. Die alten Germanen legten allerdings noch einen drauf: Sie verbrannten einfach alles.

Warum wird etwas schwarz, wenn es verbrennt?

Nehmen wir mal Holz. Da ist, wie fast überall, Kohlenstoff drin. Der spielt aber mit uns Verstecken. Er ist fest mit den anderen Bestandteilen verbunden. Feuer zwingt ihn, seine Tarnung abzulegen und trennt den Zusammenhalt. Der Kohlenstoff wird sichtbar und macht das Holz schwarz wie die Nacht.

Warum gibt man in einen elektrischen Eierkocher umso weniger Wasser, je mehr Eier darin gekocht werden?

Bei modernen Eierkochern werden die Eier nicht in Wasser, sondern in heißem Wasserdampf gekocht. Das Wasser wird so lange erhitzt, bis es komplett verdampft ist. Doch bevor der Wasserdampf durch ein winziges Loch im Deckel entweichen kann, wird er an den Eiern vorbeigeleitet. Da diese aber kalt sind, kondensiert der Dampf wieder zu Wasser, das tropft in eine Auffangschale zurück und muss erneut erhitzt werden. Je mehr Eier im Eierkocher sind, umso größer ist die kalte Oberfläche, an der der Dampf wieder kondensiert. Es dauert also länger bis das gesamte Wasser verdampft ist. Deshalb gibt man in einen elektrischen Eierkocher umso weniger Wasser, je mehr Eier darin gekocht werden.

Weshalb sammeln sich in der Waschmaschine die kleinen Wäscheteile immer in den großen?

HÖRERSPASS AM TELEFON
Weil die großen nicht in die kleinen passen!

Damit die Wäsche richtig sauber wird, führt die Waschmaschine zwei Bewegungsarten aus, eine Schaukel- und eine Drehbewegung. Durch die Schaukelbewegung werden die kleinen Wäscheteile – wie Söckchen, Taschentücher und Slips – nach oben transportiert. Doch irgendwann sinken die kleinen Teile auch wieder nach unten. Wenn sich jetzt unter ihnen ein großes Wäschestück mit einer Öffnung –

wie z. B. ein Bettbezug – befindet, purzeln die kleinen Wäschestücke einfach hinein. Und dann gibt es kein Entkommen mehr, denn durch die nun einsetzende Drehbewegung werden die kleinen Teile immer fester in die großen gedrückt. Je moderner die Waschmaschine ist, umso stärker ist dieser Effekt, denn bei neuen Geräten wird die Wäsche noch stärker durchmischt.

Warum kann man uns nicht das Wasser reichen?

HÖRERSPASS AM TELEFON
Zu wenig Muskeln!

Im Mittelalter war das die Regel, was wir heute meist von Partys kennen: Fingerfood. In den großen Herrschaftshäusern mussten die Diener nach dem Essen Schalen mit Wasser bereithalten. Darin reinigten Gastgeber und Gäste ihre Hände. Aber nicht jeder durfte das Wasser anbieten. Wer im Rang der Dienstboten weit unten stand, war selbst dafür nicht gut genug. Er konnte nicht das Wasser reichen.

Weshalb ist der Schwamm drüber?

Der sprichwörtliche Schwamm führt uns gleich noch auf die Spur anderer Redensarten. Manchmal sagen wir: Das kreide ich ihm an, oder: Er steht bei mir in der Kreide. Schwamm und Kreide haben beide ihren Ursprung im 19. Jahrhundert. Damals war es in kleinen Wirtschaften üblich, die Schulden der Stammgäste auf einer Schiefertafel mit Kreide anzuschreiben. Das blieb so lange stehen, bis gezahlt wurde. Erst dann ging der Wirt mit dem Schwamm drüber.

Woher kommt der rote Faden?

HÖRERSPASS AM TELEFON
Von Walter Mompers Schal!

Der rote Faden hat maritimen Ursprung. Früher enthielten alle Taue der britischen Kriegsflotte einen rot gefärbten Hanffaden. Dieser kennzeichnete die Ausrüstung als Staatseigentum und sollte vor Diebstahl schützen. Man konnte den roten Faden nicht herauswinden, ohne das Tau aufzulösen. So hielt er symbolisch das ganze Seil zusammen. Goethe griff übrigens das Bild vom roten Faden 1809 in seinen Wahlverwandtschaften auf und machte es sprichwörtlich populär.

Wieso ist die linke Zinke der Kuchengabel meist dicker?

Früher war das Essen mit Besteck nur den besseren Kreisen vorbehalten. Erst Ende des 19. Jahrhunderts wurde Besteck in so großer Masse produziert, dass es auch für die Menschen der unteren Gesellschaftsschichten selbstverständlich war, dass auf einem gedeckten Tisch ausreichend Messer, Gabeln und Löffel bereitlagen. Damals war es auch noch üblich, Kuchen mit Messer und Gabel zu essen. Anfang des 20. Jahrhunderts kam es in Mode, beim Kuchenessen nur noch die Gabel zu benutzen, für einige Kuchenfans eine echte Herausforderung, das Kuchenstück mundgerecht mit der Gabel zu teilen. Und so kamen clevere Zeitgenossen auf die Idee, in die Gabel ein Messer zu integrieren und machten einfach die linke Zinke breiter.

Woher kommt das Ei des Kolumbus?

HÖRERSPASS AM TELEFON
Nur von amerikanischen Hühnern!

Das Ei des Kolumbus ist eine überraschend einfache Lösung für eine komplizierte Frage. Und so soll die Redensart entstanden sein: Kardinal Mendoza lud zu Ehren des Eroberers zu einem Essen ein. Der Gastgeber würdigte zuerst die Taten des Seefahrers. Dann bemerkte er aber, dass es doch gar nicht so schwierig gewesen sei, die neuen Ländereien zu entdecken. Daraufhin griff sich Kolumbus ein Ei und fragte: »Wer kann das Ei auf eine seiner Spitzen stellen?« Keiner war dazu in der Lage. Also griff der Admiral das Ei und schlug das eine Ende einfach auf den Tisch - und das Ei stand.

Woher kommt das Kuddelmuddel?

Experten streiten sich noch heute, wo die Bezeichnung »Kuddelmuddel« eigentlich herkommt. Die meisten gehen davon aus, dass sie sich aus ursprünglich zwei Begriffen zusammensetzt, aus »Koddeln« und »Muddeln«. Koddeln ist ein norddeutscher Begriff, er kommt aus dem Plattdeutschen und bedeutet »flüchtig waschen«. Das »Muddeln« leitet sich aus dem Niederdeutschen »Modder« ab und bedeutet Schlamm. Die lautmalerische Verbindung der beiden Wörter bedeutet also ein schmutziges Durcheinander. Zum ersten Mal taucht das Wort Mitte des 19. Jahrhunderts in Berlin auf. In der Literatur hat es zum Beispiel Thomas Mann in seiner Erzählung »Die vertauschten Köpfe« verwendet.

Wieso haben Pfingstrosen keine Dornen?

HÖRERSPASS AM TELEFON
Damit sie die Ochsen nicht pieken!

Die Pfingstrose hat auch den Beinamen »Rose ohne Dornen«. Bekannt ist sie vor allem durch ihre heilende Wirkung. Ihr Name geht auf den griechischen Heiler »Paeon« zurück. Aber warum hat sie nun keine Dornen? Der Sage nach ging eine Frau, nachdem sie vom Tod Jesu erfahren hatte, in ihren Rosengarten und weinte. Die Tränen fielen auf die Pfingstrosen und als sie bemerkte, dass die Rosen keine Dornen mehr hatten, soll sie gesagt haben: »Gott hat die Dornen fortgenommen, das Leid hat sich in Freude verwandelt«.

Woher kommt das Potpourri?

HÖRERSPASS AM TELEFON
Von Gotthilf Fischer!

Potpourri kommt aus dem Französischen und bedeutet Allerlei und kunterbunte Mischung. Ursprünglich stand das Potpourri um 1800 als Pflanzentopf in der guten Stube. Blumen und Kräuter wuchsen darin gemeinsam und verbreiteten beim Verblühen einen gemischten Geruch – das Potpourri. Wenig später tauchte es auch in der Musik auf und als besonderer Eintopf.

Warum kann Popcorn »poppen«?

Popcorn entsteht durch Erhitzen von Maiskorn. Das hat eine ziemlich harte Schale, dafür aber auch einen feuchten Kern. Und es sitzt viel Stärke drin. Beim Erhitzen wird diese Stärke zum Quellen gebracht. Die Feuchtigkeit verschwindet, das Korn springt auf und wird zur Flocke. Die originellen Popklänge entstehen also, wenn die harte Maisschale aufgesprengt wird. Einfache Regel: Je härter das Korn, desto besser poppt es später.

➡ HÖRERANTWORT »Weil es gern die Fassung verliert!«

Schon schön schlau?

Wenn ja, dann zeigen Sie es auch anderen und machen Sie die kleinen Wissensmahlzeiten zum Partyhit für zwischendurch. Oder testen Sie sich jetzt einfach selbst, ob Sie tatsächlich »schon schön schlau« geworden sind. Viel Spaß dabei!

1.

Warum hilft Salz bei Rotwein-Flecken?

a) Weil die Salzkörner wie Peeling wirken.

b) Weil im Salz Kalk enthalten ist, das den Fleck gelblich färbt.

c) Weil das Wasserstoffperoxyd im Salz den Fleck entfernt.

AUFLÖSUNG ZU 1

Richtige Antwort

2.

Warum ist alles in Butter?

a) Nur mit Butter wird beim Kochen alles gut.

b) Damit Geschirr nicht kaputtging,
wurde es in Butter transportiert.

c) Nur wem es gut ging, konnte sich Butter leisten.

Richtige Antwort

3.

Warum treffen wir den Nagel auf den Kopf?

a) Frauen hatten schon immer handwerklich Schwächen. Meistens trafen sie beim Hämmern daneben. Wenn allerdings wirklich ein guter Schlag gelang, so prägte sich das sofort ein.

b) Nagel oder Zwecke bezeichnete den Mittelpunkt der Scheibe beim Armbrustschießen. Genau dieser Nagel musste auf den Kopf getroffen werden.

c) Die obere Rundung am Daumen wird auch als Kopf bezeichnet. Gelang es dem Liebhaber beim ersten Rendez-vouz, diesen Kopf zwischen seine eigenen Finger zu nehmen, dann verfiel ihm seine Auserwählte.

AUFLÖSUNG ZU 3

Richtige Antwort:

4.

Warum ist die Sonne rot, wenn sie untergeht?

a) Weil es vor allem die langwelligen roten Anteile des Lichts bis zur Erde schaffen.

b) Weil abends die Sonne am heißesten ist.

c) Weil wir abends Farben nicht mehr so gut erkennen können.

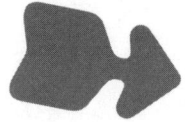

AUFLÖSUNG ZU 4

Richtige Antwort:

5.

Warum erweisen wir einen Bärendienst?

a)   Weil wir jemandem stark wie ein Bär unter
     die Arme greifen.

b)   Weil der Bär seinem Herrn hilft und ihn damit
     aber umbringt.

c)   Weil der Bär gern tanzt und uns dieser Dienst erfreut.

Richtige Antwort:

6.

Weshalb wird Sahne steif beim Schlagen?

a) Die Sahne speichert in ihren Kügelchen Alkohol, der beim Schlagen austritt und sie versteift.

b) Die Sahne ist mit Versteifungspigmenten veredelte fettarme Milch, die schnell kompakt wird, damit mögliche Spritzer vermieden werden.

c) Die Sahne enthält Fettkügelchen, die in einen Eiweißmantel gehüllt sind. Beim Schlagen wird dieser beschädigt, Luft kommt hinein und die Fettkügelchen verklumpen miteinander.

AUFLÖSUNG ZU 6

Richtige Antwort:

7.

Warum lachen Männer weniger als Frauen?

a) Männer haben nur ein Unterzwerchfell, Frauen haben dagegen Ober- und Unterzwerchfell.

b) Als es noch keine Sprache gab, bereinigten die Frauen in der Gruppe Konflikte durch Lachen, während die Männer auf der Jagd waren.

c) Männer produzieren mehr SEQ-Enzym als Frauen. Damit wird die Stimulierung der Lachneuronen verzögert. Das macht sie humorunempfindlicher.

AUFLÖSUNG ZU 7

Richtige Antwort:

8.

Warum schreiben wir uns etwas hinter die Ohren?

a) Weil früher Verträge zusätzlich mit einer Ohrfeige besiegelt wurden.

b) Weil hinter den Ohren des Vordermanns der Spickzettel steckt.

c) Weil früher bei der Armee der Arzt so die Sauberkeit der Ohren bestätigte.

AUFLÖSUNG ZU 8

Richtige Antwort:

9.

Wer hält wem eine Gardinenpredigt?

a) Früher standen die Betten in Bürgerhäusern in Nischen. Sie wurden mit Vorhängen abgeschirmt. Kam der Ehemann aus dem Wirtshaus, erklangen die Vorwürfe der Ehefrau aus den Bettgardinen.

b) Der Prediger stand früher grundsätzlich immer auf einer Kanzel, die mit einer Gardine versehen war. Nur zur Predigt wurde sie aufgezogen.

c) Die Mägde hängten früher die Gardinen zum Trocknen auf die Wiese. Das war eine aufwendige Arbeit. Weigerte sich der Knecht, bei der Arbeit zu helfen, wurde ihm das von der Magd lautstark vorgeworfen.

Richtige Antwort:

Schon schön Schlau? – Mein persönliches Ergebnis!

9 Treffer – Grandios!
5 – 8 Treffer – Alle Achtung!
2 – 4 Treffer – Noch mal lesen!
1 Treffer – Unter's Kopfkissen legen!
0 Treffer – Brille wechseln!

LÖSUNGEN	SEITE	ANTWORTEN
1b	138	
2b	140	
3b	142	
4a	144	
5b	146	
6C	148	
7b	150	
8a	152	
9a	154	

Richtige Antworten

ANHANG

Quellenverzeichnis

Die Inhalte dieses Buches sind mit größtmöglicher Sorgfalt erarbeitet und recherchiert worden. Trotzdem ist es nicht möglich, alle Themen abschließend zu bewerten, da sich einige noch in der fachlichen Diskussion befinden. Weder die Autorinnen noch der Verlag können bei inhaltlichen Fehlern eine Haftung übernehmen.

Verwendete und weiterführende Quellen: Die Titel sind kursiv gesetzt

BÜCHER

1000 Irrtümer der Allgemeinbildung. Chefredaktion: Angela Sendlinger. München, 2006.

André Lorenz (u. a.): *Stimmt doch gar nicht!* Die 1000 größten Irrtümer aller Zeiten. Augsburg, 2007.

Auerbach, Isabelle: *Haben Hühner einen Bauchnabel?* Spannende Fragen und Antworten für Kinder und Erwachsene. Berlin, 2006.

Auerbach, Isabelle: *Kriegen Eisbären eine Gänsehaut?* Neue spannende Fragen und Antworten für Kinder und Erwachsene. Berlin, 2006.

Brater, Jürgen: *Lexikon der rätselhaften Körpervorgänge.* Von Alkoholrausch bis Zähneknirschen. München, 2005.

Davis, Kenneth C.: *Wieso fließt der Nil bergauf?* Alles, was Sie über die Welt wissen sollten, aber nie gelernt haben. Bergisch Gladbach, 2006.

Die neuen Irrtümer der Allgemeinbildung. Chefredaktion: Angela Sendlinger. München, 2006.

Drösser, Christoph: *Stimmt's? Freche Fragen, Lügen und Legenden für clevere Kids.* Reinbek bei Hamburg, 2005.

Drösser, Christoph: *Stimmt's? Neue moderne Legenden im Test.* Reinbek bei Hamburg, 2004.

Duden. *Band 11: Redewendungen.* Wörterbuch der Idiomatik. Hg. vom wissenschaftlichen Rat der Dudenredaktion, Mannheim, 2002.

Duden. *Band 7: Das Herkunftswörterbuch.* Etymologie der deutschen Sprache. Hg. vom wissenschaftlichen Rat der Dudenredaktion. Mannheim, 2007.

Harder, Bernd: *Warum Krokodile nur bei Gewitter Sex haben... und weitere neue Rätsel des Alltags.* München, 2006.

Kann man im Handstand schlucken?... und über 100 weitere Rätsel des Alltags. Konzeption und Realisation von Roswitha Kern. München, 2003.

Krämer, Walter und Götz Trenkler: *Lexikon der populären Irrtümer.* München, 2004.

Krämer, Walter und Wolfgang Sauer: *Lexikon der populären Spachirrtümer.* München, 2004.

Krämer, Walter, Götz Trenkler und Denis Krämer: *Das neue Lexikon der populären Irrtümer.* München, 2004.

Lexikon der Redensarten. Herkunft und Bedeutung deutscher Redensarten. Hg. von Klaus Müller. München, 2005.

Leyner, Mark und Billy Goldberg: *Warum schlafen Männer nach dem Sex immer ein?* Neue drängende Fragen, die Sie Ihrem Arzt erst nach dem dritten Whiskey Sour stellen würden. München, 2007.

Pollmer, Udo und Susanne Warmuth: *Lexikon der populären Ernährungsirrtümer.* Missverständnisse, Fehlinterpretationen und Halbwahrheiten. Frankfurt am Main, 2000.

Rätsel des Alltags. Die wirklich wichtigen Fragen der Menschheit beantwortet vom Süddeutsche Zeitung Magazin. Hg. von Dominik Wichmann. Ulm, 2007.

Waller, Klaus: *Lexikon der klassischen Irrtümer*. Wo Einstein, die katholische Kirche und andere total danebenlagen. München, 2003.

Wolke, Robert L.: *Was Einstein seinem Koch und seinem Friseur erzählte*. Naturwissenschaft in der Küche und im Alltag. Zwei Bestseller in einem Band. München, 2006.

Wunderbare Alltagsrätsel. Warum fallen schlafende Vögel nicht vom Baum? Was macht die Mücke beim Wolkenbruch? Zwei Bestseller in einem Band. Hg. von Mik O'Hare. München, 2006.

Dittmar-Ilgen, Hannelore: *Warum platzen Seifenblasen?* Physik für Neugierige. Leipzig, 2003

Röhrich, Lutz: *Lexikon der sprichwörtlichen Redensarten*. Freiburg-Basel-Wien, 1991.

Rogers, Simon: *Wie langsam kann man Wasserski fahren?* Kluge Antworten auf knifflige Fragen. Berlin, 2007.

Auerbach, Isabelle: *Kriegen Eisbären eine Gänsehaut?* Neue spannende Fragen und Antworten für Kinder und Erwachsene. Berlin, 2006.

Harder, Bernd: *Warum die Waschmaschine Socken frisst ... und andere Rätsel des Alltags*. München, 2005.

Haben Fische Durst? 111 Antworten auf Fragen, die Ihnen schon immer auf den Nägeln brannten. Herausgegeben von Karl-Heinz Wellmann. München, 2007.

Physik fängt unter der Dusche an. Den Alltag entdecken mit Galileo. Hamburg, 2007.

Leyner, Mark und Billy Goldberg: *Warum haben Männer Brustwarzen?* Drängende Fragen, die Sie Ihrem Arzt erst nach dem dritten Martini stellen würden. München, 2006.

Frag doch mal ... MausQuiz. München, 2007